中国近现代史纲要多维教学探索研究

王兰文　吴云才　著

中国言实出版社

图书在版编目(CIP)数据

中国近现代史纲要多维教学探索研究 / 王兰文，吴云才著. — 北京 : 中国言实出版社, 2022.3

ISBN 978-7-5171-4052-8

Ⅰ. ①中… Ⅱ. ①王… ②吴… Ⅲ. ①中国历史－近现代－教学研究－高等学校 Ⅳ. ①K25

中国版本图书馆 CIP 数据核字 (2022) 第 028009 号

中国近现代史纲要多维教学探索研究

责任编辑：崔文婷
责任校对：代青霞

出版发行：中国言实出版社
　　地　址：北京市朝阳区北苑路180号加利大厦5号楼105室
　　邮　编：100101
　　编辑部：北京市海淀区花园路6号院B座6层
　　邮　编：100088
　　电　话：010-64924853（总编室）　010-64924716（发行部）
　　网　址：www.zgyscbs.cn　电子邮箱：zgyscbs@263.net

经　销：新华书店
印　刷：河北万卷印刷有限公司
版　次：2022年3月第1版　2024年1月第1次印刷
规　格：710毫米×1000毫米　1/16　11印张
字　数：200千字

定　价：68.00元
书　号：ISBN 978-7-5171-4052-8

前言 preface

《中国近现代史纲要》就其性质来说，是一门思想政治理论课程，其开设的目的是从历史的角度来培养和塑造大学生的政治立场及思想倾向。2005 年中宣部、教育部对高校思想政治理论课的课程体系进行了重新设置，《中国近现代史纲要》是在《中共中央宣传部、教育部关于进一步加强和改进高等学校思想政治理论课的意见》（以下简称《意见》）及其实施方案的精神指导下设置的思想政治理论课程，成为思想政治理论课程新方案的一个重要部分。

关于《中国近现代史纲要》的名称，有的专著或教材使用《“纲要”》，有的使用“纲要”，在《意见》中，使用了“纲要”这一名称，本书依照《意见》，采用“纲要”一词。

《中国近现代史纲要》（2021 年版）已经于 2021 年 8 月完成，并由高等教育出版社出版发行，这是“纲要”的第七次修订，本次修订教材围绕着以下几个重点展开：

其一，进一步把实现中华民族伟大复兴的主题和践行党的初心使命这条红线贯穿于教材中。

其二，进一步突出改革开放和社会主义现代化建设新时期，特别是中国特色社会主义进入新时代的历史。

其三，进一步提高内容的准确性、针对性和可读性。

其四，进一步创新呈现形式。教材中补充了大量的图片、图表、链接等，帮助学生开阔视野、提升兴趣、深化认识。

由以上的变化可以看出，“纲要”的修订围绕着主题性、时代性、准确性、针对性、可读性以及创新性展开，对教学提出了更高的要求。而教学又具有复杂性，著名的教育学家多伊尔曾经说过“教学是非常复杂的经营”，其具有五个独特的特性。教学过程中会产生临时性、突发性事件，教学目的也错综复杂，加上班级中学生个体存在着差异性，构成了教学的多维性；学生在上课过程中的状态不同，有的学生上课积极主动，有的学生上课刻板，有的学生由于缺乏自信，得过且过，这些构成了教学的同时性；教学过程中，教师需要对课堂发生的事件做出及时反应，体现了教学的即时性；由于妨碍课堂教学的事件时不时地发生，所以教学具有不可预测性；最后，教学具有历史性的特点。当下的教学方式及教学策略直接影响着教学的结果。

从教学要素方面着手来实现教学在新时代的发展，是解决“纲要”教学在当代发展的一个有益尝试。本书从与教学紧密相关的方面切入，结合修订重点，就主题性、时代性、准确性、针对性、可读性以及创新性展开论述，全书的结构为:

第一章导论。主要论述了“纲要”课程定位、“纲要”教学实践及现状分析、“纲要”教学探索，对“纲要”及“纲要”教学作论述。

第二章“纲要”教学内容的专题化探索。涉及专题化教学实施的背景专题化教学运用于“纲要”教学的原则、内容及教学案例，是对“纲要”课堂教学时间、空间不足的探索。

第三章“纲要”教学方法的多样化探索。列举了比较教学法、研讨式教学法、大事件解析法、课程考核法来实现教学方式的多维尝试，为“纲要”教学的创新发展提供了思路。

第四章“纲要”教学组织的现代化探索。列举了“四维并进”线上线下混合式教学、“三合一”教学，这些都是近几年来“纲要”教学上的新尝试，对推动“纲要”教学组织发展，提升教学效率有积极的作用。

第五章“纲要”教学媒体的多媒体化探索。列举了“纲要”教学的课堂教学与多媒体、自主学习与网络教学平台、互动式平台的运用等，促进“纲要”教学的多媒体化探索。

第六章“纲要”教学资源的地方实践性教学探索。以往地方实践性教学资源多存在于初中、高中的历史教学中，“纲要”地方实践性教学资源的探索，也在一定程度上拓展了“纲要”的教学资源，朝着专题化、研究性的方向发展。本章中就地方实践性教学资源的定义、价值、路径展开论述。

第七章“纲要”教学过程的研究性教学探索。就研究性教学的概念、“纲要”研究性教学的目标、原则、实施路径展开，来创新“纲要”的教学过程。

教学的复杂性决定了教学各要素之间并非独立存在，而是相互关联的，各要素之间在论述的过程中会涉及其他教学要素，这也是本书在写作中的一个难点，为了避免重复性论述，本书在写作过程中的专章论述，围绕该教学要素展开，其他教学要素围绕着该要素论证，力图每章围绕着一个教学要素论述，实现教学方法上的创新。

本书采取了以下研究方法，进一步提升了内容的逻辑性与条理性。

其一，文献研究法。

本书在写作过程中，搜集了相关的研究性著作，通过对这些文献的搜集，深入研究相关教学理论，形成了对“纲要”教学多维探索。

其二，思维导图法。

“纲要”本身是一门思想政治课程，避免一个事件或理论翻来覆去地阐述，运用了图片、案例、思维导图等形式，力图构建清晰的呈现方式。

其三，比较研究法。

本书在论述时，经常采用比较研究的方法来实现教学创新。如“纲要”地方实践性历史资源的运用，通过与初中、高中历史课的地方历史资源的运用对比，提出了“纲要”地方实践性历史资源的研究性、实践性。

由于作者水平有限，书中的论点和论述难免有不足之处，还请各位读者批评指正。

王兰文、吴云才

2021 年 12 月 20 日

目录 contents

第一章　导论

"纲要"是高校思想政治理论课课程体系在调整后重新开设的，担负着思想教育、政治教学、理论教育的任务，对大学生思想政治教育有重要的意义。"纲要"所涉及的历史跨度在一百七十多年，目前对"纲要"教学的探索已经取得了可喜的成就，但也面临着诸多的问题，亟待解决。了解"纲要"探索的原则，做到历史与逻辑的统一、历史客观与价值判断统一、"历史的思想"与"思想的历史"的统一。

第一节　"纲要"课程定位

一、"纲要"课程

（一）"纲要"的内容及侧重点

《意见》规定"纲要"课程的基本内容为："主要讲授中国近代以来抵御外来侵略、争取民族独立、推翻反动统治、实现人民解放的历史，帮助学生了解国史、国情，深刻领会历史和人民是怎样选择了马克思主义，选择了中国共产党，选择了社会主义道路。"

"纲要"一词中，"纲"指的是"总纲"；"要"指的是要则。就课程来看，"中国近现代史纲要"即从1840年鸦片战争爆发以来的历史的发展脉络及要点，是记录中华民族"救亡图存"及"实现中华民族的伟大复兴"的历史。根据《中国近现代史纲要》（2021年版）的导言中，介绍中国近代史分为两个历史阶段：从鸦片战争到五四运动前夜；从五四运动到中华人民共和国成立。

介绍中国现代史可以分为：社会主义革命和建设时期；改革开放和社会主义现代化建设新时期；中国特色社会主义进入新时代。

1948年中华人民共和国成立以来的现代史，是全国各族人民在中国共产党领导下，经过艰辛探索、艰苦奋斗，为实现中华民族伟大复兴开辟新纪元的历史；是万众一心、奋发图强，与时俱进、开拓创新，探索、开创、坚持、捍卫、发展中国特色社会主义，进行经济建设、政治建设、文化建设、社会建设、生态文明建设并取得的辉煌成就的历史。

（二）“纲要”课程的目的和要求

学习的目的全在于应用。学习历史的主要目的是为了以史鉴今、资政育人。重视对历史的学习、研究、宣传，注意对历史经验的总结、借鉴、汲取，这是中华民族的优良传统，也是推进党和国家事业发展的现实需要。

大学生是中国特色社会主义事业的建设者和接班人，是祖国未来各条战线的生力军。为了肩负起将要担负的责任，必须了解中国的国情。历史、现实和未来是相通的，学习中国近现代史有助于了解昨天，把握今天，更好地走向明天。

“中国近现代史纲要”是全国高等学校本科生必修的一门思想政治理论课。学习本课程的主要目的是：认识近现代中国社会发展和革命、建设、改革的历史进程及其内在规律，深刻领会历史和人民是怎样选择了马克思主义、选择了中国共产党、选择了社会主义道路、选择了改革开放，深刻领会中国共产党为什么能、马克思主义为什么行、中国特色社会主义为什么好，更加坚定地在中国共产党坚强领导下为实现中华民族伟大复兴而不懈奋斗。

具体说来，应当达到以下要求：

第一，了解外国资本－帝国主义同中国封建势力给中国人民和中华民族带来的深重苦难，了解近代以来中国人民为争取民族独立、人民解放和实现国家富强、人民幸福这两大历史任务接续奋斗的历史，懂得新民主主义革命取代旧民主主义革命、人民共和国取代资产阶级共和国的历史必然性，懂得中国共产党领导中国人民走上社会主义道路的历史必然性，深刻理解没有中国共产党就没有新中国、只有社会主义才能救中国的道理。

第二，了解近代以来中国先进分子和人民群众为救亡图存而进行艰辛探索、顽强奋斗的历程及其经验教训，认识历史和人民怎样选择了马克思主义、选择了中国共产党、选择了社会主义道路、选择了改革开放，懂得红色政权来之不易、新中国来之不易、中国特色社会主义来之不易、今天的幸福生活来之不易。

第三，了解开创和发展中国特色社会主义的伟大进程和重大意义，了解新时代中国特色社会主义的伟大成就和重大意义，坚定只有中国特色社会主义才能发展中国、只有坚持和发展中国特色社会主义才能实现中华民族伟大复兴的信念，增强中国特色社会主义的道路自信、理论自信、制度自信、文化自信。

第四，了解马克思主义中国化的历史进程，深刻认识坚持毛泽东思想、邓小平理论、“三个代表”重要思想、科学发展观的重大意义，深刻认识全面贯彻习近平新时代中国特色社会主义思想的重大意义，自觉用中国共产党的创新理论武装头脑。

第五，通过学习中国近现代史，树牢唯物史观，提高运用科学的历史观方法论分析问题和解决问题的能力，明确中国近现代历史的主题主线、主流本质，警惕和反对历史虚无主义。

二、“纲要”的课程性质

“纲要”就其课程性质而言，是一门思想政治理论课。可以从三个方面阐述:

（一）“纲要”是一门思想教育课

思想教育有助于大学生形成正确的世界观、人生观、价值观，所以学习“纲要”的过程本身就是坚定大学生理想信念的过程，思想教育也是开展“纲要”课程的主要目的之一。

中华民族的“救亡图存”需要坚强的意志。中国共产党在物资缺乏、敌强我弱的艰难条件下，仍然斗志昂扬，领导全国各族人民奋起反抗，打退了外国侵略者，夺取了革命的胜利。究其原因，正是培养了一大批拥有坚定的共产主义理想信念的革命战士，他们为了争取民族独立，勇往直前，流血牺牲，毫不畏惧。

“中华民族的伟大复兴”需要坚定的信念。坚持中国共产党的领导，坚定走社会主义道路，依靠坚定的信念推动我国的社会主义建设。

总之，当代大学生学习“纲要”课程就是要树立“只有社会主义才能救中国，只有社会主义才能发展中国”的坚定信念，坚定信心，为实现中华民族的伟大复兴而奋斗。

（二）“纲要”是一门政治教育课

“纲要”课程具有鲜明的政治导向性，能促进大学生形成正确的政治立场和政治观点。

政治教育在学校教育中占有重要的地位，且对广大青少年开展政治教育一直是中国共产党的一大优良传统。

开展高校“纲要”教学时，授课教师要引导学生树立政治责任感及使命感，在政治上保持与党中央的高度一致，在传达一些基本理论及基本经验的时候，要依据权威讲授。同时，授课教师还要引导学生坚定不移地坚持马克思主义。不仅要坚持马克思主义的基本立场，还要坚持马克思主义的基本原则和方法。

（三）“纲要”是一门理论教育课

理论性是“纲要”课程的根本属性，所涉及的理论知识体现在全书中。一般的历史理论融合在历史的事件当中，因此“纲要”采用史论结合的方式探索中国近现代史发展的基本规律。

以“纲要”（2021 年版）为例，共分为导言及十章内容，涉及理论热点、难点和疑点。

1. 第一章主要阐述了进入近代后中华民族的磨难与抗争

随着中国封建社会的衰落，加上世界资本主义的发展，西方列强开启了殖民扩张，于是在 1840 年爆发了鸦片战争，标志着中国近代史的开端。西方列强对中国的侵略包括军事侵略、政治控制、经济掠夺、文化渗透四个方面。面对西方列强的侵略，中华民族奋起反抗，以义和团运动为代表的中华民族反抗侵略的斗争，粉碎了帝国主义瓜分和灭亡中国的图谋。

从 1840 年到 1919 年的八十年间，中国人民面对外来侵略奋起反抗，但最后都以失败告终，究其原因一是由于社会制度的腐败，这是根本原因；二是经济技术的落后。

2. 第二章主要阐述了不同社会力量对国家出路的早期探索

面对中华民族的危机，各社会力量展开变革，包括太平天国起义、洋务运动、维新变法等，但都以失败告终。

太平天国起义及其失败表明，在半殖民地半封建社会的中国，农民具有伟大的革命潜力，但它自身不能担负起领导反帝反封建斗争取得胜利的重任。单纯的农民战争不可能完成争取民族独立和人民解放的历史任务。

洋务运动的失败的原因，首先表现为洋务运动具有封建性；其次，洋务运动对列强具有依赖性；再次，洋务企业的管理具有腐朽性。因此，洋务运动也不能为中国摆脱贫弱找到出路，所以最后以失败告终。

戊戌维新运动的失败表明，在半殖民地半封建的旧中国，企图通过统治者走自上而下的改良道路，是根本行不通的，必须用革命的手段，推翻帝国主义、封建主义联合统治的半殖民地半封建的社会制度。“戊戌六君子”的流血的教训，促使一部分人放弃改良主张，开始走上革命的道路。孙中山领导的资产阶级民族革命日益发展起来。

3. 第三章主要阐述了辛亥革命与君主专制制度的终结

辛亥革命推翻了清王朝的统治，建立中华民国。

辛亥革命取得了巨大的成就，但仍然以失败告终，之后北洋军阀实行专制统治，昭示着旧民主主义革命的失败。

辛亥革命的失败究其原因共有三点：首先，辛亥革命没有明确提出反帝的口号，甚至幻想以妥协退让来换取帝国主义对中国革命的承认和支持；其次，辛亥革命不能充分发动和依靠人民群众；再次，辛亥革命不能建立坚强的革命政党，作为团结一切革命力量的强有力的核心。辛亥革命的失败表明，资产阶级共和国的方案没有能够救中国，先进的中国人需要进行新的探索，为中国谋求新的出路。

4. 第四章主要阐述了中国共产党成立和中国革命新局面

新文化运动在社会上掀起的思想解放潮流，冲决了禁锢人们思想的闸门。五四运动实现了中国人民和中华民族自鸦片战争以来的第一次全面觉醒，标志着中国新民主主义革命的开端。

俄国十月革命的胜利，为中国送来了马克思列宁主义，给正在寻找出路的中国人民指明了道路，在马克思列宁主义同中国工人运动的紧密结合中中国共产党应运而生。中国共产党的成立，深刻改变了近代以后中华民族发展的方向和进程，深刻改变了中国人民和中华民族的前途和命运，深刻改变了世界发展的趋势和格局。

5. 第五章主要阐述了中国革命的新道路

从 1924 年到 1927 年，国共合作掀起了大革命的高潮，帝国主义、封建主义的统治受到严重打击。然而，由于国民党右派相继叛变，大革命惨遭失败。面对反动派的血腥屠杀，中国共产党和中国人民并没有被吓倒，被征服，被杀绝。中国革命进入土地革命战争时期，中国共产党人经过艰难探索，开辟了中国革命的新道路。

6. 第六章主要阐述了中华民族的抗日战争

20 世纪 30 年代，日本和德国、意大利分别在世界的东方和西方形成战争策源地。日本军国主义势力为实现征服中国、称霸亚洲和世界的目的，悍然发动企图灭亡中国的侵略战争，中华民族到了最危险的时刻。中华儿女同仇敌忾，进行了长达 14 年艰苦卓绝的抗日战争，打败穷凶极恶的日本军国主义侵略者，取得了中国人民抗日战争的伟大胜利。

中国人民抗日战争是20世纪中国和人类历史上的重大事件。这一伟大胜利，是中华民族从近代以来陷入深重危机走向伟大复兴的历史转折点，具有十分重要的意义。

7. 第七章主要阐述了为建立新中国而奋斗

抗日战争胜利后，在中国人民面前摆着两条路，光明的路和黑暗的路。存在着两个中国之命运：一个是独立、自由、民主、统一、富强的中国，即光明的新中国；一个是半殖民地半封建的、分裂的、贫弱的中国，即黑暗的旧中国。中国共产党领导人民推翻了国民党反动统治，取得新民主主义革命的胜利，建立了中华人民共和国，实现了民族独立和人民解放。

中国人民革命的胜利和人民民主专政的新中国的创建，彻底改变了近代以后 100 多年中国积贫积弱、中国人民受人欺凌的悲惨命运，为实现中华民族伟大复兴创造了根本社会条件。

8. 第八章主要阐述了中华人民共和国的成立与中国社会主义建设道路的探索

1949 年，中华人民共和国成立后，中国共产党团结带领中国人民在完成民主革命遗留任务和恢复国民经济的基础上，进行社会主义革命，确立社会主义基本制度，推进社会主义建设，战胜帝国主义、霸权主义的颠覆破坏和武装挑衅，实现了中华民族有史以来最为广泛而深刻的社会变革，实现了一穷二白、人口众多的东方大国大步迈进社会主义社会的伟大飞跃，为实现中华民族伟大复兴奠定了根本政治前提和制度前提。

中华人民共和国的成立，彻底结束了旧中国半殖民地半封建社会的历史，彻底结束了旧中国一盘散沙的局面，彻底废除了列强强加给中国的不平等条约和帝国主义在中国的一切特权，实现了中国从几千年封建专制政治向人民民主的伟大飞跃。中国共产党制定过渡时期总路线，对农业、手工业、资本主义工商业进行会议改造改造，使得社会主义基本制度得以确立，之后进行了社会主义建设及社会主义道路的艰辛探索。

9. 第九章主要阐述了改革开放与中国特色社会主义的开创和发展

粉碎“四人帮”之后，人民群众强烈要求彻底扭转十年内乱造成的严重局面，使党和国家从危难中重新奋起。这个时期，世界经济快速发展，科技进步日新月异。国内外发展大势要求中国共产党尽快就关系党和国家前途命运的大政方针作出政治决断和战略抉择。1978 年 12 月，中国共产党第十一届中央委员会第三次全体会议召开。这次会议实现了历史性的伟大转折，开启了改革开放和社会主义现代化建设新时期。从此，中国共产党带领全国各族人民踏上了中国特色社会主义开创与接续发展的征程。

10. 第十章主要阐述了中国特色社会主义进入新时代

党的十八大以来，在以习近平同志为核心的党中央坚强领导下，在习近平新时代中国特色社会主义思想科学指导下，中国共产党以巨大的政治勇气和强烈的责任担当，自信自强、守正出新，统揽伟大斗争、伟大工程、伟大事业、伟大梦想，解决了许多长期想解决而没有解决的难题，办成了许多过去想办而没有办成的大事，推动党和国家事业取得历史性成就、发生历史性变革。经过长期努力，中国特色社会主义进入了新时代，这是我国发展新的历史方位。中华民族日益走近世界舞台中央，迎来了实现伟大复兴的光明前景，比历史上任何时期都更接近伟大复兴的目标，比历史上任何时期都更有信心，有能力实现这个目标。

以上的内容都需要在教学中从理论上加以说明，使学生在历史事实的基础上完成理论学习。

三、“纲要”的基本框架

本书的“纲要”框架依照2021版的《中国近现代史纲要》阐述。其章节内容如下：

导言

一、中国近代史综述

二、中国现代史综述

三、学习中国近现代史的目的和要求

第一章　进入近代后中华民族的磨难与抗争

第一节　鸦片战争前后的中国与世界

第二节　西方列强对中国的侵略

第三节　反抗外国武装侵略的斗争

第四节　反侵略战争的失败与民族意识的觉醒

第二章　不同社会力量对国家出路的早期探索

第一节　太平天国运动的起落

第二节　洋务运动的兴衰

第三节　维新运动的兴起和夭折

第三章　辛亥革命与君主专制制度的终结

第一节　举起近代民族民主革命的旗帜

第二节　辛亥革命与中华民国的建立

第三节　北洋军阀统治与旧民主主义革命的失败

第四章　中国共产党成立和中国革命新局面

第一节　新文化运动和五四运动

第二节　马克思主义广泛传播与中国共产党诞生

第三节　中国革命的新局面

第五章　中国革命的新道路
第一节　中国共产党对革命新道路的探索
第二节　中国革命在曲折中前进
第六章　中华民族的抗日战争
第一节　日本发动企图灭亡中国的侵略战争
第二节　中国人民奋起抗击日本侵略者
第三节　抗日战争的正面战场
第四节　抗日战争的中流砥柱
第五节　抗日战争的胜利及其意义
第七章　为建立新中国而奋斗
第一节　从争取和平民主到击退国民党的军事进攻
第二节　全国解放战争的发展和第二条战线的形成
第三节　中国共产党与民主党派的团结合作
第四节　建立人民民主专政的新中国
第八章　中华人民共和国的成立与中国社会主义建设道路的探索
第一节　中华人民共和国的成立与新生人民政权的巩固
第二节　党在过渡时期的总路线及其实施
第三节　社会主义基本制度的确立
第四节　社会主义建设的良好开端
第五节　社会主义道路的艰辛探索和曲折发展
第九章　改革开放与中国特色社会主义的开创和发展
第一节　历史性的伟大转折和改革开放的起步
第二节　改革开放和社会主义现代化建设新局面
第三节　把中国特色社会主义全面推向 21 世纪
第四节　在新的形势下坚持和发展中国特色社会主义
第十章　中国特色社会主义进入新时代
第一节　开拓中国特色社会主义更为广阔的发展前景
第二节　夺取新时代中国特色社会主义伟大胜利
第三节　全面建成小康社会和开启全面建设社会主义现代化国家新征程

第二节　“纲要”教学实践及现状分析

一、“纲要”课的教学实践

“纲要”教学经过十几年的实践,取得了一定的成效,主要表现在两个方面:学生的学习积极性被调动起来;教学的实效性得到增强。当前的教学实践主要从以下几个方面开展:

（一）灌输式教学向研究性教学的转变

“纲要”是兼具思想、政治、理论的课程，以往的课堂教学多采取的是讲授法，通过课堂灌输的方式完成知识的学习。课堂进行中常采取讨论式、启发式等教学方式,学生常常是“为任务而讨论”,主动性较差,因此效果不够明显。传统的“纲要”教学大多停留在以完成课程知识为主的阶段，存在着一些问题:

其一，课堂教学采用的讲授法存在单向性，以教师为主，教师在讲授知识时带有主观性，对学生的兴趣点未能很好地了解，学生所接受的知识也存在刻板的问题，知识的保持效率较低。讲授法的又一弊端是教师与学生之间互动性不足，对教师来说，讲课的效果及学生的问题反馈较少；对学生来说，其主动性未能很好地发挥，掌握知识也就不够牢固。

其二，单纯的讲授，不利于学生创造性的培养。讲授法以“讲”为主，讲的过程中是大量的理论与知识点的输出，而学生多以接受为主，至于是否能与学科本身产生关联，则是更深层次的问题。而深层次的问题是激发学生兴趣、探索欲的关键。对于当代大学生的思想政治方面的培养，不仅仅在于培养学生的政治及思想理论，更关键在于培养学生的各种能力，用于指导未来的实践活动。所以“纲要”教学要逐渐探索更加有利于学生创造性的培养的教学方法。

研究性教学的目标不仅仅要求学生掌握基本的历史知识，还要增强看待问题、拓宽视野的能力。在学习的过程中，研究性教学注重培养学生的各种素质及能力,具体包括:发现问题的能力;创新能力;探索探索精神;团队协作能力;查阅文献能力；创造能力。

在教学过程中，研究性教学没有固定的教学模式，而是根据知识开展教学设计，从问题出发，进行专题化讨论，而教师此时需要引导学生通过自我探索来获得知识，而知识获得的过程也是问题的解决、疑惑的消除的过程，同时也是兴趣的深入过程，有利于促进学生养成良好的研究习惯。

研究性教学的开展同样转变了传统的教学观念，由原来教师的讲授为主，变为学生普遍参与的研究性教学，而教学性质也由单向传输转向师生互动、知识学习、能力提升的过程，增强了学生获得知识的途径，有利于学生形成“社会互动”的学习情境。而研究性教学，专注于聚焦问题、专题，有利于培养学生的团队协作能力。

（二）强调学生的“主体性”地位

“纲要”课的教学注重培养学生的主动性，“在教育教学过程中，学生不是被动的加工对象，而是具有主体性的人，具有能动性、自觉性、创造性”。在“纲要”课的教学过程中，对学生“主体性”地位的强调表现在三个层次上：

第一层次——从学习活动看，学生是主体，相关的历史知识是客体；

第二层次——从师生关系看，学生是主体，教师则是围绕知识学习的客体；

第三层次——从学生自身看，学生是主客体的统一，学生既是学习的主体，同时也作为客体，不断学习知识，充实和完善自身。

要发挥学生的“主体性”作用，需要贯穿在“纲要”课教学的始终，在前期课堂准备阶段，教师要积极构建“纲要”教学的发展性策略，引导学生发现问题及探索问题。在教学实施阶段，要鼓励学生通过主动学习，开展合作、整合、创新等活动。课后还要开展教学评估活动，总结经验，为之后的教学提供参考。学生“主体性”的发挥除了学生自身的主观能动性外，教师在其中所起的作用是巨大的，教师要形成自己的教学风格，敢于创新，通过有效教学，引导学生主动探索。

综上所述，教学活动的开展，需要以学生为中心，发挥学生的主体性地位，通过调动学生的主观能动性，培养学生的学习兴趣、学习能力、沟通能力、写作能力、创新能力，这样学生获得的知识记忆深刻，且对知识的理解较为透彻。

（三）“纲要”的问题性、专题化研究

传统的“纲要”课教学通过教学目标来确定教学内容，组织教学活动，开展教学评价，其教学模式相对单一，学生通常需要死记硬背来获取知识，存在被动性。

随着“纲要”课教学的深入开展及问题的解决，如今的“纲要”教学注重问题意识，通过发现问题、解决问题来完成教学目标，最重要的是学生的主体性地位得到强化。“纲要”内容也开始由原来的单个知识点的讲解，转变为问题性、专题化的倾向。通常，就历史事件探讨其发生的社会背景，分析其造成的社会必然性。在这一过程中，学生将所有的注意力都集中在这一历史问题中，

他们往往专注问题的解决，完成了“要我学”向“我要学”的转化。而“纲要”教学内容也在开展中实现蜕变，实现了基础知识向历史本质探索的跨越。

（四）多维度挖掘学生潜能，促进学生的发展

“纲要”教学逐渐转向对学生潜能的挖掘，这里引入一个重要的理论——多元智能理论。认知心理学家加德纳提出了多元智能理论，他认为每个人都拥有八种智能，这些智能包括（见图 1-1）：

图 1-1　多元智能理论内容

多元智能理论认为每个人都有一种或者多种优势智能，那么教师的任务就是发现每个学生的优势，尽可能让该优势发挥最大的潜能，最大限度帮助学生提升各方面的能力。多元智能理论运用到教学方法上，强调教师应当发挥学生的智能优势，因材施教。“纲要”教学不能千篇一律，应当充分挖掘每位同学的潜能，找到学习“纲要”课适合自己的方法，达到学好“纲要”课的目的。具体可以从以下几个方面实施：

（1）在“纲要”教学内容上，注重将地方的历史引入教学中。

通过现实留存或父辈诉说等与历史知识产生关联，激发学生学习的主动性。“纲要”在内容设置上主要从宏观角度来把握历史脉络，不可避免地造成对地方历史的忽视，因此，在教学中可以适当引入地方的历史资源，激发学生的兴趣。

这里可以举武汉的例子：武汉是一个历史悠久的城市，灿烂的楚文化就产生于此。在中国近现代史上，武汉更是中国政治风云的中心，辛亥革命、国民政府、抗日战争等都与武汉有密切联系；武汉同时也是工商业发达的城市，经济及文化的昌盛赋予了武汉重要的历史地位。在“纲要”教学过程中，可以适

当穿插武汉的一些地方史内容教学：

鸦片战争时期，林则徐曾在武汉推行禁烟运动；

洋务运动时，张之洞曾在武汉推行改革，现在，武汉还有与张之洞相关的历史遗迹；

寻找“纲要”课中涉及的知识与现代遗存的历史文物的关联；

通过古今结合，加深学生对相关历史知识的记忆，同时也对现代武汉有了全新的认识。

（2）在“纲要”教学中，教师应当在关注教学内容及方法的同时，还要关注班上学生的智能情况。

教师可以引导学生尝试不同的学习方法，从不同维度思考历史问题和审视问题。教师还可以在教学中采取多种形式的教学方法，促使学生找到一种适合自身学习的方法，为挖掘学生的潜能及学好“纲要”打下基础。

（3）在“纲要”课教学情境的营造上，“纲要”试图营造一种轻松、自由的上课氛围。

教学的过程是发现问题、解决问题的过程，通过借鉴现代信息化媒介，可以将知识学习带到课堂、网络、实践、社会、团体中，大大增强了教学的开放性。

（4）在“纲要”课教学目标上，“纲要”注重学生的各项能力的生成与发展。

所谓生成，即从无到有的过程；所谓发展，即从有到优的过程。学生在学习的过程中，解决问题，得出答案的过程就是获得勇气、自信、探索、合作、奉献等品质的过程，在教师的引导下，学生的主体性地位得到充分体现，学生成为知识的发现者和获得者，“在由一个小组进行独立学习时，学生们可以学会协作、领导和决策。最重要的是，应用独立学习可推动实现教育的终极目的：教会学生如何学习，使学生能够成为他自己的教师”。

当前社会需要大批的创新性人才，创新表现为知识的整合、知识的迁移、知识的发散，而这些都需要在平时的教学实践中培养。“纲要”课的教学目标是注重挖掘学生潜能，培养创新能力，实现“纲要”课的主体——学生的持续发展。

二、“纲要”教学现状分析

“纲要”课的教学还存在一些问题，突出表现为以下两点：

（一）课堂组织和管理有待进一步提高

目前高校的“纲要”实施的模式是大课堂教学，基本上在100—120人以上，这些学生来自不同的专业，人数较多。面对如此庞大的课堂，其教学组织和管理存在一定的困难。尽管在教学过程中也采取了一些措施，如小组形式进行考勤及调研，方便了管理。但在课堂纪律上仍然无法杜绝学生上课交谈、玩手机、看课外书等现象，小组内成员关系也较为松散，其调研报告偏于形式，有的甚至由一两名组员承担了所有调研，这种情况下，小组的组织和管理仍然困难重重。

（二）调研选题难度加大

单纯的历史事件已经无法提起学生的兴趣，要想驱使学生主动探索的好奇心，需要选定与课程相关且又能激发学生兴趣的选题，这就为调研增加了难度。近几年的教学实践中，一些与历史人物及当前的时政热点结合的选题能引发学生的兴趣。教师应当紧随时代潮流，引导学生开展调查，逐步收集和丰富材料，提出更多更好的选题供学生选择，来提升教学的时效性。

（三）“纲要”课教学问题的时代性

教学实践过程中，教学方面的问题层出不穷，有的问题已经得到解决，可以通过查找相关资料来解决。仍然有一部分问题被遗留下来未解决，这些未解决的问题也就成了具有研究价值的课题。需要强调的是问题仍然具有时代性，即不同的时代在面对不同的问题时，会出现教学内容、教学方法的新含义。因此，需要注意“纲要”教学的时代性，随着时代的发展，教师、学生、教学内容等都会发生变化，需要通过不同的教学方法来更新和发展“纲要”教学。

本书主要就第三个问题展开论述，通过“纲要”多维教学的探索，从教学内容、教学方法、教学组织、教学媒体、教学资源、教学过程这六个教学要素来解决新时代“纲要”教学的发展与创新。

第三节　“纲要”教学探索相关概述

一、“纲要”教学探索的原则

（一）重视历史教育观

中国共产党历来重视对历史的学习，可以从以往的历史中汲取历史教训和历史经验。同时中国共产党还重视历史的教育，特别是中国近现代史的教育。学生通过对中国近现代史的学习，了解历史脉络、了解国情、培养正确的价值观与人生观。

在“纲要”教学中，应当注重以下历史内容的教育：

其一，通过“纲要”，传承民族精神、培养爱国主义、坚定理想信念。

通过学习中华民族艰苦奋斗与积极探索的精神，强化学生的爱国主义；通过学习党的优良传统，强化学生理解中国共产党的初心与使命；通过学习党的改革精神，强化当代大学生实现民族伟大复兴的责任与使命。

“纲要”课中也讲述了近代史上中国人的理想与信念，同时还渗透着中华民族优秀的精神，这些都需要在“纲要”课教学中有所体现。

其二，通过“纲要”，认识中国的国情、历史进程，提高历史文化素养。

中国近现代史是一代代仁人志士为了争取民族独立以及实现中华民族伟大复兴的奋斗与探索的过程。这一过程包含着探索、失败、成功，其中蕴含的是中华民族的价值观与理想信念。另外，“纲要”揭示了中国社会发展的历史进程、历史规律，需要学生掌握相关的历史知识，在了解当代中国国情的基础上，坚定不移地走社会主义道路。

当代大学生需要通过“纲要”，了解历史进程，结合当代中国的国情，培养历史文化素养，主动培养历史意识，培养文化自觉，通过总结出的历史规律来指导今后的学习和实践。

其三，通过“纲要”，学会科学的历史观与方法论。

在“纲要”的导言中，明确提出了要培养学生运用科学的历史观与方法论来分析问题的能力，这里的科学的历史观与方法论指的是以历史唯物主义与辩证唯物主义为指导，用马克思主义观点来分析问题。在分析问题的同时，提高大学生的历史思维能力，学会从历史的视角来看待当前的一些重大理论问题、现实问题。

其四，通过“纲要”，学会警惕不良历史思潮的影响。

近年来，在编写中国近代史的过程中，历史虚无主义经常冒头，否定党史、歪曲国史、混淆价值体系、否定革命意义等现象间或出现，这些现象虽然不是主流，但会影响学生的认知，还会影响主流价值观的形成，因此必须坚决反对。

“纲要”不仅交给学生知识，还要培养学生树立正确的价值观，自觉杜绝不良的历史思潮。通过“纲要”的学习，传承民族精神，坚定社会主义理想信念。

（二）突出价值观教育

“纲要”课的目的不仅使学生获得历史事实的学习，还要树立正确的历史价值观，以此对历史人物、历史事件给以恰当的评价。而价值观的培养首先表现在对唯物史观的坚持，其次，大学生需要构建社会主义核心价值观体系，并将构建社会主义核心价值体系作为教学的目标，贯穿课程实施及发展的整个过程。

1.“纲要”课教学要坚持唯物史观

在“纲要”教学中，要将唯物史观的真理作为教学出发点进行强化。历史具有连贯性与复杂性，任何对历史的评价需要建立在史实的基础上，但并不是所有的“史实”都是科学的，如果抓住史实的只言片语，则会造成对史实片面的认识，所以用科学的方法认识历史非常重要，而唯物史观作为“纲要”教学的科学方法加以强调。

唯物史观最先由革命先烈李大钊先生引入，不断论争及发展之后，形成了具有中国特色的唯物史观，它推动了中国国内的革命运动，也为人们带来了巨大的精神力量，可以说唯物史观在中国近代史上起着巨大的推动作用。

教师在授课时，需要具备扎实的史学理论知识，通过科学的方法来统筹历史事件。唯物史观的运用不仅将客观的历史常识教给学生，同时还能引导他们客观看待历史事件，并从中得到历史经验和教训，实现知识性与思想性的统一、现实性与历史性的统一、政治性与学术性的统一。

2. 要突出社会主义核心价值观体系教育

社会主义核心价值体系包括四个方面的基本内容，即马克思主义指导思想、中国特色社会主义共同理想、以爱国主义为核心的民族精神和以改革创新为核心的时代精神、社会主义荣辱观。

马克思主义指导思想——灵魂；

中国特色社会主义共同理想——主题；

以爱国主义为核心的民族精神和以改革创新为核心的时代精神——精髓；

社会主义荣辱观——基础。

社会主义核心价值体系与“纲要”课之间有什么关系以及“纲要”课教学如何培养大学生社会主义核心价值体系等问题需要梳理清楚。社会主义核心价值观是国家的主流意识形态，通过各种理论来统领价值层面、理想层面、精神层面、道德层面，进一步影响社会成员的思想、思维、价值取向及行为规范。“纲要”作为我国思想教育的一部分，承担着大学生思想塑造、道德培养、价值取向等内容。“纲要”除了承担教育功能之外，还应当成为培养大学生爱国主义、民族精神的重要支撑。因此，“纲要”恰好承担起培养社会主义核心价值体系的重要使命。

“纲要”在培养大学生社会主义核心价值体系上还有较大的优势——“纲要”的内容是对中国近现代史的历史事件、历史人物、思潮的梳理，通过已经发生的真实案例来解读社会主义核心价值体系的内容，可以升华大学生对社会主义核心价值体系的认识。

社会主义核心价值体系帮助当代大学生树立正确的世界观、人生观，提高思想认识，提高道德素质。高校教师应当抓住这一先天优势，将社会主义核心价值体系渗透在“纲要”课教学过程中。

（1）强调中国选择马克思主义的必然性。

近代以来，随着西方列强的侵略，中国逐渐丧失了独立自主的权利，也逐渐沦为了半殖民地半封建社会，而中国的社会各阶层、各阶级也尝试了多种救国方案，探索中国的发展。

太平天国运动、洋务运动、资产阶级革命等尝试，都以失败告终。在这样的背景下，马克思主义的传入无疑成为探索中国出路的一把利器，成为改造中国的武器。在教学中，教师要向学生强调中国选择马克思主义的历史必然性。

（2）强调没有共产党就没有新中国。

中国的革命之所以取得胜利，从客观上讲是得到了中国最广大人民的支持与参与，在开展中国革命的过程中，工人、农民、城市小资产阶级成为革命的主要力量，并且以大无畏的精神，反对帝国主义、封建主义和官僚资本主义，他们的英勇事迹可歌可泣。从主观上说，中国革命的胜利离不开中国共产党的领导，在新民主主义革命时期，中国革命在中国共产党党的领导下，虽然经历了不少曲折，但最终取得了革命的伟大胜利，建立起中国共产党领导的中华人民共和国。

（3）突出中国特色社会主义理想教育。

中国特色社会主义理想教育需要强调中国选择社会主义道路的重要性以及中国选择社会主义制度的伟大意义。

近代中国有两大根本任务，首先是争取民族独立、人民解放，其次是实现国家的繁荣与富强。中华人民共和国的成立标志着中国走上了民族独立、人民解放的道路。集中力量发展经济及其他社会主义事业成为当下的主要任务。

社会主义制度的优越性在于可以集中力量办大事，通过社会化大生产，实现社会主义现代化。习近平总书记在党的十九大报告中指出了社会主义制度确立的意义：“我们党深刻认识到，实现中华民族伟大复兴，必须建立符合我国实际的先进社会制度。我们党团结带领人民完成社会主义革命，确立社会主义基本制度，推进社会主义建设，完成了中华民族有史以来最为广泛而深刻的社会变革，为当代中国一切发展进步奠定了根本政治前提和制度基础，实现了中华民族由近代不断衰落到根本扭转命运、持续走向繁荣富强的伟大飞跃。”

在“纲要”教学中，要梳理社会主义生产及民族伟大复兴的历史脉络，强调重大历史事件，便于大学生深入了解社会主义理想教育的相关内容。

（4）宣扬民族精神、时代精神

随着全球化进程的不断加快，国际间的文化、思想上竞争激励，所以“纲要”要渗透民族精神、时代精神教育，培养大学生的民族精神、爱国主义、时代精神。

首先，要强化大学生的民族精神。民族精神是一个民族的灵魂，是经过长期发展产生的代表民族内涵与本质的东西，需要不断加强。具体到“纲要”课教学中，应当加强民族教育、国情教育，认识中华民族的精神内核，增强民族自豪感与自信心。培养学生在国际交流中的文化自信，珍惜我们民族的宝贵民族精神与民族文化。

其次，要强化大学生的爱国主义。今天的爱国主义，需要与社会主义相联系，爱国主义就是热爱社会主义。正是有了爱国主义，才有了先辈们抛头颅、洒热血的壮举，才有了革命的胜利，才有了今天的社会主义繁荣。所以，“纲要”要注重培养学生的爱国主义，拥护社会主义，积极投身到社会主义建设中。

再次，要强化大学生的时代精神。以往的历史表明，落后就要挨打。要争取民族独立，国家繁荣，就要与时俱进，站在时代的潮头寻求国家的发展。当今时代精神是以创新引领社会进步，因此“纲要”课教学要培养学生的创新意识，不断探索，求得发展。

（三）突出信仰观教育

“纲要”课的学习不仅学的是历史知识、历史事实，更重要的是树立科学的历史价值观。能引导学生围绕思想政治教育课本身的性质来突出信仰教育。所谓信仰教育，即从唯物史观出发，构建大学生社会主义核心价值体系，促进大学生对社会主义核心价值观的认知与认同，使其内化为思想政治素养和科学思维能力，外化为践行社会主义核心价值观，积极投身社会主义现代化建设当中。

信仰观教育，即要坚持唯物史观。中国共产党所信仰的是唯物史观基础上的马克思主义，实践证明唯物史观是科学真理，故“纲要”渗透着鲜明的唯物史观的科学真理。“纲要”涉及中国近现代的历史，因为时间与当代人较近，在阐述时容易受解释者利益或者主观态度的影响，致使历史呈现出“片面性”“主观性”，需要明确的是历史不仅是建立在真实的史实的基础上，还要运用科学的观察历史的方法，避免从细枝末节中解读历史，造成对历史的错误解读。而这一科学的观察历史的方法就是唯物史观。唯物史观强调真理与价值的统一，所以在“纲要”课内容的编排、教学上都要始终坚持唯物史观，科学地观照历史。

在教学过程中，“纲要”课教师首先应当具备专业的历史知识，拥有较高的学科素养，运用唯物史观来统筹中国近现代史相关的内容。通过客观、准确、全面地将史实讲给学生听，引导学生从这些史实中得到宝贵经验，进一步指导学生的学习与生活。因此，“纲要”不仅在“讲史”，也在“树人”，以培养大学生高尚的品德、科学的理想信念、健全的人格为落脚点，而唯物史观不仅贯穿在“纲要”课上，还成为一种科学的方法指导学生的日常实践，为学生所用，为社会造福。

二、“纲要”教学探索需要注意的问题

（一）历史与逻辑的统一

历史与逻辑的统一表现在历史有一定的逻辑性，循着这一逻辑可以找到历史的规律。

恩格斯曾经在《卡尔·马克思〈政治经济学批判〉》中提到了两种不同的历史：跳跃的、偶然性的历史和修正的、典范的历史。前者无迹可寻，如果我们以之为参照，会获得细枝末节，不利于历史脉络、思想的延续；而马克思、恩格斯追求的是修正的、典范的历史，在这样的历史中，有着清晰的历史发展脉络，能反映历史发展的规律。

逻辑分为两类，一种是形式逻辑，形式逻辑的对象是事物的质，靠概念、判断、推理来反映事物的质。另一种是辩证逻辑。辩证逻辑产生在形式逻辑之后，19 世纪初黑格尔第一次建立了一个唯心主义的辩证逻辑的体系，马克思主义哲学产生后. 才有了科学的辩证逻辑。辩证逻辑通过研究辩证思维的形式、规律和方法，对外部世界作出概括的、近似的然而却是本质的反映。辩证逻辑需要放在历史中，通过寻求例证来与现实产生关联。

“纲要”要实现历史与逻辑的统一，就要坚持“史论结合”，即既要有史料支撑，也要有观点。“史论结合”的初级阶段是作为一种外在的结合方式存在，无法揭露历史本身的规律。当在历史中找到发展规律，并获得历史感悟、历史体验、历史评价时，“史论结合”就上升到历史与逻辑的内在关系之中，此时的逻辑不再是一种实证的手段，而是一种直接的本体的把握，这样才达到了历史与逻辑的统一，获得“纲要”的理性知识。

（二）历史客观与价值判断统一

历史唯物主义包含历史因素、价值判断及价值标准三大内容，所以在“纲要”

课教学的过程中，应当坚持马克思主义历史唯物主义的立场，运用其观点与方法，用辩证的、客观的、发展的思维从人类历史发展的高度去关照历史，弄清历史的前因后果，从历史的现象中抓住历史的本质。

在认识历史真相的过程中，需要进行历史反思，历史反思要放在具体的历史语境中，获得科学的历史结论。如对战争的本质的把握，需要放在特定的历史时期，结合经济、政治、社会背景来揭露战争的导火索，如果战争从人性、情感、欲望等方面来讨论，则无法界定战争是否正义，也使得那些为了民族独立、为了广大民众的幸福生活的战争失去了意义。所以对“纲要”的教学，首先是历史事实，之后是对历史事实的理解，最后是历史话语。概括起来就是历史事实、历史理解、历史话语共同构成了历史意义，也生成了历史的价值判断，见图示 1–2。

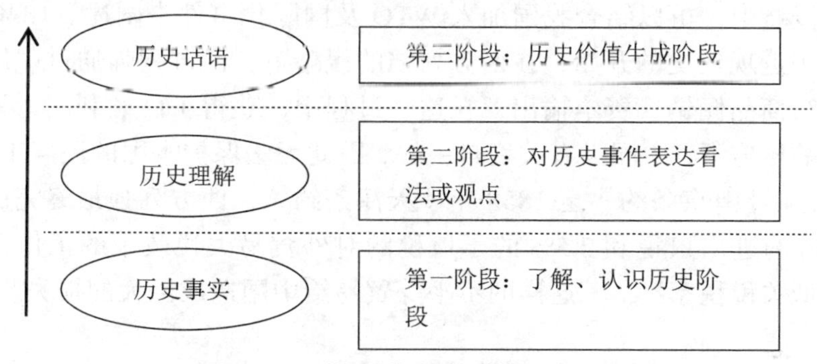

图 1–2 “纲要”课教学的三个阶段

（三）“历史的思想”与“思想的历史”的统一

“纲要”课的教学要坚持“历史的思想”与“思想的历史”的统一。所谓“历史的思想”指的是就具体的历史人物、历史事件、历史线索而言，从历史中总结出历史规律、历史教训、历史经验这些具有借鉴性意义的内容，就是“历史的思想”。“思想的历史”主要围绕各历史时期的思潮，尤其马克思主义与中国实践相结合的理论成果，研究相关历史阶段该理论成果，形成“思想的历史”。

在“纲要”课教学的过程中，要把握历史事实与思潮发展两大教学模块，对历史事实的规律的把握是对历史的思考；对思潮发展的把握进一步扩展了理论范畴，因此“纲要”课教学要把握历史思考与理论拓展这两个方面，实现“历史的思想”与“思想的历史”的统一。

（四）历史与现实相互借鉴

在“纲要”课教学过程中，“纲要”教师需要根据现有的知识储备，增强教学的针对性，注重结合综合性、典型性的历史资料来拓展学生的历史视野，尽可能通过历史事实来阐述历史规律或历史经验。“纲要”教师开展课堂教学时，要善于用历史经验分析当前的热点实践，实现古为今用，以史为鉴。

如“纲要”课的第一章第二节为“西方列强对中国的侵略”，西方列强对中国实施军事侵略与经济侵略，通过军事侵略迫使清政府割地赔款，通过经济侵略控制着中国沿海的通商口岸，实施商品倾销及资本输出。这一历史知识同样可以拓展：

军事侵略除了沙俄外，英国、日本对中国的侵略，导致今天的中国与印度之间的领土边界争端，中国与日本之间的钓鱼岛问题。借此向学生阐述近代中国由于积贫积弱被侵略，阐述落后就要挨打的道理，同时还要表明今天的立场——坚持维护主权与领土完整。

经济侵略中，可以结合我国加入 WTO 及国际化事件来阐述。1840 年鸦片战争是中国近现代史的开始，在西方列强的侵略下，西方列强通过中国的通商口岸，进行商品倾销、资本输出，在这一过程中，获得了巨额利润。另外，在西方列强的压迫下，中国没有关税自主权，因此无法保护本国的民族工业发展，“自 1842 年《南京条约》至 1858 年《天津条约》，西方列强最终完成迫使中国实行 5% 的进出口税和 2.5% 的子口税的对外贸易关税政策的工作，是当时世界上最低关税税率”。[①] 这样的不平等贸易给中国造成巨大的损失。

“纲要”课教师可以将上述内容与中国当下的改革开放及加入 WTO 后的贸易对比，说明我国当下坚持发展中国家的身份，与世界市场相连，发展对外贸易。教师还要进一步引导学生认清：只有国家主权独立，才能掌握贸易主动权，获得更大的发展。

① 方前移. 古今互鉴——《中国近现代史纲要》课教学原则释论 [J]. 黑龙江工业学院学报（综合版），2017，（9）. 5-8.

第二章　“纲要”教学内容的专题化探索

当前，专题化教学运用于各个学科，取得了较好的效果。“纲要”教学中采取专题化教学可以将历史发展脉络串联在一起，将“纲要”内容进行专题化总结，共分为九个主题，通过主题之间的专题探讨，突出重点与难点，促进了“纲要”教学效率的提升。专题化教学解决了“纲要”课内容时间跨度大与教学时间短的问题，具有积极的意义。

第一节　“纲要”专题化教学实施的背景

一、专题化教学

（一）专题化教学定义

所谓专题化教学，也称为“专题化案例教学”，是针对教学内容设计的，贯穿于整个教学过程的一种新的教学模式。专题化教学是教材向教学转化的关键，是教师根据自己的专业积累，以现代教学理念为指导，依据教学大纲，紧靠教学目标，在统筹各章节之间的逻辑关系的基础上对内容进行概括与总结，然后确定教学专题，通过专题的形式将各知识点串联起来，围绕专题确定教学进度、组织教学活动、完成课程学习的一种课堂教学模式。

有的学者认为，专题化教学从纵向、横向两个方面对教学内容及学科知识进行串联、归纳、总结。纵向教学上通过教学结构实现螺旋反复，实现结构上的一致性；横向教学上通过教学内容相互作用，实现知识结构与认知结构的结合。

“纲要”专题化教学，就是在打破原有教学内容的基础上，按照一定的逻辑将主题划分为若干个部分，这些部分并非散乱的，而是各自完整的个体，不同的个体关联又可形成整体。这些部分由一定的逻辑串联起来，形成专题，围绕专题进行教学设计，完成教学任务。

（二）专题化教学的实施过程

专题化教学的实施过程分为六步，见图 2–1 所示。

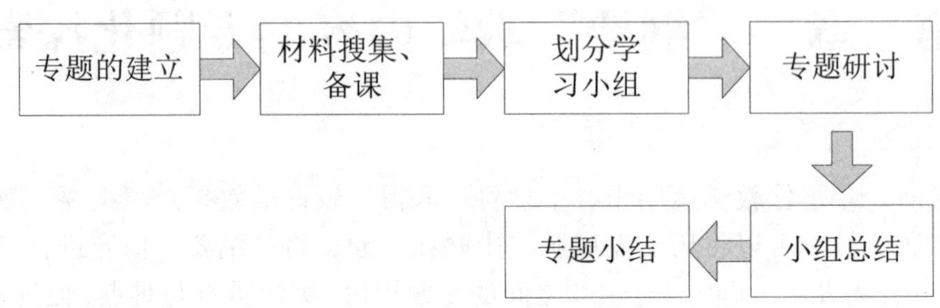

图 2–1　专题化教学的实施过程

1. 第一步——专题的建立

这是专题化教学的第一步，专题的确立需要经过教师的审慎研究，是建立在对教材的充分了解的基础上，通过对教育教学领域的热点、前沿的研究得出的既相互独立又有逻辑性的专题。

2. 第二步——材料搜集、备课

这是上课前的准备阶段，教师围绕着教学专题搜集资料，精心编排教学内容、选择合适的教学方法，完成课前准备。另外，教师在上课前还应当充分考虑课堂上可能出现的问题，预测学生学习的盲点与难点，促进教学的针对性。

3. 第三步——划分学习小组

将班级学生分为若干小组，每个小组的人数保持在 2—10 人，选出一名组长、一名副组长。

4. 第四步——专题研讨

由组长、副组长组织围绕专题进行组内讨论，针对专题商量情况进行资料的搜集，在课堂上根据搜集来的资料展开交流与讨论。

5. 第五步——小组总结

每组推荐一名学生代表将讨论的结果进行总结，充分与各组交流。

6. 第六步——专题小结

在学生代表发言之后，就发言的内容展开评价，对课堂上出现的亮点给予鼓励，同时补充必要的内容。

二、“纲要”实施专题化教学的必要性

“纲要”实施专题化教学的意义在于通过专题形式的展开，可以不受具体

理论的整体性、逻辑性的限制，划分为单个的专题，突出了“纲要”课教学的历史性、政治性与时代性。“纲要”专题化教学具有必要性，主要表现为以下两点：

（一）“纲要”课程需要

“纲要”在教学过程中呈现出复杂性，主要体现在以下几个方面：

（1）理清历史发展的基本脉络、重大事件、历史人物；

（2）理清中国近代、现代历史发展的总体进程，掌握历史发展基本规律及发展方向；

（3）教授基本的历史知识；

（4）涵盖历史事件、历史人物，理清事件的起因、经过、结果及评价；

（5）作为一门政治课，需要史论综合，以史带论；

（6）作为一门历史课，需要讲述历史事实，同时还要讲述历史价值观。

基于以上因素，设置专题化教学显得很有必要。专题化教学首先可以打破时间与空间的约束，围绕专题内容专门论述，在整合资料的基础上灵活使用材料，使得历史问题具有逻辑性与说服力。对于“纲要”课教师来说，一改以往教师的“思想政治”形象，增添了活泼性、灵动性元素，同时也增加了课堂教学的兴趣。专题化教学在前期的教师备课中，融合了所有“纲要”课教师的智慧，通过集体备课使得内容丰富、形象。

（二）深入挖掘历史问题的需要

中国近现代史发生了许多重大事件，涉及重要历史人物，还有重要的思想、重要的文献以及从以上历史客观中得到的历史经验，这些都需要详细阐述，使学生对这些内容了解，知道事情的来龙去脉。

三、“纲要”课内容时间跨度大与教学时间短的问题

“纲要”课教学内容的时间跨度长，内容非常复杂，而“纲要”课的学时只有60个学时，而这是理论上的学时，实际授课时间会少于60个学时。教师要想在这60个学时中完成中国近现代史内容的讲解，需要有整体把控教材的能力，找出教学中根本且重点的内容，以历史主线或历史时间将各个分散的知识点串联起来，拓展教学空间。

教师在教学过程中，应当把握以下几个要点：

（一）通过问题引出重点

“纲要”课的知识点与历史专业教学的知识点相比，其最大的特点是内容

简单,提纲挈领,所以教师不可能在有限的时间内,对所有的历史事件详细阐述。这里考验教师选择材料的能力，教师应当选择教学的重点，确定教学的难点，从纷繁复杂的内容中迅速将重点整合在一起。而问题意识是引出重点与难点的手段，在揭露为什么的过程中，将重点和难点自然流露。

如教材的第二章——不同社会力量对国家出路的早期探索、第三章——辛亥革命与君主专制制度的终结、第四章——中国共产党成立和中国革命新局面这三章的内容，涉及太平天国运动、洋务运动、维新运动、辛亥革命、新文化运动、五四运动等，这些历史事件中涉及重要的历史过程、历史人物、重要思想等，如果对这些事件做单独分析，显然不现实。而且，也无法使学生将这些串联的事件综合起来考虑。而这三章内容实际上是社会各阶层为了拯救积贫积弱的中国面貌而进行的努力，是为马克思主义的传入以及中国共产党的领导做前期的铺垫。

教师可以从“寻找民族独立、国家解放的出路”出发，通过这一问题来探讨社会各阶层所做的尝试。这样其脉络非常清晰：

——农民阶级的尝试。太平天国运动是以农民阶级为代表的，以推翻清政府为目的的农民革命。这场运动以“拜上帝教”的宗教形式展开，并没有脱离封建本质，因此必然失败。

——官僚阶级的尝试。在 19 世纪 60 年代到 90 年代三十多年的时间里，洋务派主张“中学为体，西学为用”，以“自强求富”为目的，掀起了洋务运动，但“中体西用”的本质恰恰说明了西方的思想及观念在中国的不适应。虽然洋务运动兴办了一些近代企业，发展了新式的海军、陆军，创办了新式学堂，派遣留学生等，但甲午战争的爆发，宣告洋务运动失败。

——资产阶级革命派的尝试。孙中山以“三民主义”为指导思想，发起了我国第一场资产阶级革命，推翻了两千多年的封建君主专制制度，建立起资产阶级共和国。但在半殖民地半封建社会的背景下，资本主义的建国方案根本走不通。

——无产阶级的尝试。以五四运动为标志，是中国近代史上划时代的里程碑，它以辛亥革命所不曾有的姿态，展开了彻底地反对帝国主义和封建主义的斗争，标志着中国新民主主义革命的开端。

在民族危机和社会危机之下，不同的阶级做出了不同方式的探索，并得出了宝贵的经验教训。在比较中形成了对这段历史的把握，进一步提升了学生的理性认识。

（二）兼具历史性与政治性

“纲要”课的学科属性兼具历史性和政治性，就其学科本身来说，具有历史性；就其作为思想政治课程来说，具有政治性。而“纲要”所强调的首先是政治性，其次是历史性，这是区别于专业历史课的显著特征。所以，“纲要”教学应当把握历史脉络，理清事件的前因后果，探索时间背后的历史经验与教训。“纲要”课教学需要教师具备整合的能力，通过宏观的历史视角来掌握资料，帮助学生完成由感性认识向理性认识的知识掌握。宏观的历史视角强调对事件的把控，强调对事件的性质及意义的概括，从这一点上讲，“纲要”体现了鲜明的政治立场。

（三）积极利用课外资源

“纲要”课教学还应当鼓励学生利用课外资源来拓展课堂内容的深度。“纲要”由于时间问题，无法完全展开，所以要引导学生进行课外学习，鼓励学生通过感兴趣的方式进行历史的拓展，这里通常也是通过专题化的方式展开。以下主要介绍两种方式：

1. 通过网络加深对历史人物、历史事件的了解

目前网络上有对历史事件的科普，也有深度的解析。学生可以通过这些途径来获得知识。学生可以根据自己感兴趣的内容进行深度学习，了解历史真相。另外，通过观看一些关于历史事件、历史人物的电影、电视剧来学习历史，当然电影、电视剧的真实性有待进一步考证，但不失为开启历史探索之门的一种方式。

2. 参观历史遗迹

学生还可以参观历史博物馆、名人故居、革命纪念堂/地等，深入了解历史。如在区域的历史博物馆中会了解当地的不同时期的历史事件，通过时间线索将事件、人物串联起来，丰富了学生的历史知识。参加革命纪念堂/地还能增强学生的历史厚重感，培养学生的爱国主义精神。如广西壮族自治区曾经经历了湘江战役，1934 年 11 月 27 日至 12 月初，红军在广西经历了最为惨烈、最为悲壮的湘江战役，数万将士视死如归，保全了中央红军，奠定了伟大长征的胜利基石。学生在参观纪念馆的同时，对历史事件会有更深的认识。

第二节　“纲要”专题化教学设计的原则、内容

一、“纲要”专题化教学设计的原则

根据《中共中央国务院关于进一步加强和改进大学生思想政治教育的意见》，“纲要”在设置专题的时候应当把握以下五个原则，如图 2-2。

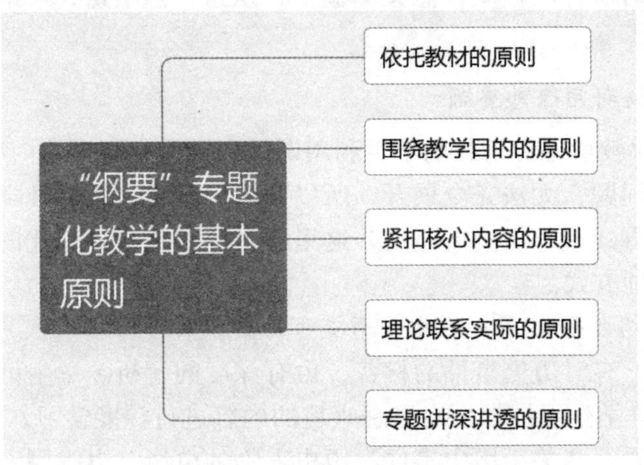

图 2-2　“纲要”专题化教学的基本原则

（一）依托教材的原则

教师在实施专题化教学中，其基本依据就是教材，在教材的基础上进一步拓展与创新，通过设置针对性强、时代性强、灵活性高的专题内容，实现对原有教材内容的整合与梳理。

“纲要”课教材是由全国知名专家学者编成的，凝聚着集体智慧。其中第一章到第三章是旧民主主义革命时期的历史，第四章到第七章是新民主主义革命时期的历史，第八章是社会主义革命和建设时期的历史；第九章是改革开放和社会主义现代化建设新时期的历史；第十章是反映中国特色社会主义进入新时代以来的历史。

2021 年版的“纲要”突破了之前的三个大阶段的划分，划分为五个阶段，各个阶段的历史采取综合论述和专题论述相结合的方式，大大增强了“纲要”课的广度、深度。如果在专题化教学过程中，打破教材的框架设置，则不利于学生结合教材深入理解，因此，“纲要”需要依托教材的主要框架，其安排形

式如人的骨架与血肉一样，先有“骨架”，才有血肉，在“骨架”上来丰满血肉，在“纲要”基本框架的基础上形成专题，拓展“纲要”课的教学深度，营造“纲要”课学习的独特氛围。此外，设置专题过程中，还要将各个专题之间的内在逻辑理顺，把握其内在的逻辑关系，各个专题之间既相互独立，又相互联系，共同构成“纲要”的专题教学。

（二）围绕教学目的的原则

“纲要”课学习的主要目的是：认识近现代中国社会发展和革命、建设、改革的历史进程及其内在规律，深刻领会历史和人民是怎样选择了马克思主义、选择了中国共产党、选择了社会主义道路、选择了改革开放，深刻领会中国共产党为什么能、马克思主义为什么行、中国特色社会主义为什么好，更加坚定地在中国共产党坚强领导下为实现中华民族伟大复兴而不懈奋斗。② 在构建专题化教学的过程中，需要把握目的中的“四个选择”“三个为什么”“一个坚定”，通过以上主题来串联专题，实现对“纲要”课程的科学把握。

（三）紧扣核心内容的原则

“纲要”涉及的核心内容包括：

（1）了解外国资本 – 帝国主义同中国封建势力给中国人民和中华民族带来的深重苦难，了解近代以来中国人民为争取民族独立、人民解放和实现国家富强、人民幸福这两大历史任务接续奋斗的历史，懂得新民主主义革命取代旧民主主义革命、人民共和国取代资产阶级共和国的历史必然性，懂得中国共产党领导中国人民走上社会主义道路的历史必然性，深刻理解没有中国共产党就没有新中国、只有社会主义才能救中国的道理。

（2）了解近代以来中国先进分子和人民群众为救亡图存而进行艰辛探索、顽强奋斗的历程及其经验教训，认识历史和人民怎样选择了马克思主义、选择了中国共产党、选择了社会主义道路、选择了改革开放，懂得红色政权来之不易、新中国来之不易、中国特色社会主义来之不易、今天的幸福生活来之不易。

（3）了解开创和发展中国特色社会主义的伟大进程和重大意义，了解新时代中国特色社会主义的伟大成就和重大意义，坚定只有中国特色社会主义才能发展中国、只有坚持和发展中国特色社会主义才能实现中华民族伟大复兴的信念，增强中国特色社会主义的道路自信、理论自信、制度自信、文化自信。

---

② 《中国近现代史纲要》编写组．中国近现代史纲要 [M]. 北京：高等教育出版社，2021:9.

（4）了解马克思主义中国化的历史进程，深刻认识坚持毛泽东思想、邓小平理论、“三个代表”重要思想、科学发展观的重大意义，深刻认识全面贯彻习近平新时代中国特色社会主义思想的重大意义，自觉用中国共产党的创新理论武装头脑。

（5）通过学习中国近现代史，树牢唯物史观，提高运用科学的历史观方法论分析问题和解决问题的能力，明确中国近现代历史的主题主线、主流本质，警惕和反对历史虚无主义。

在设置专题化教学的过程中，始终围绕以上核心内容展开，这就是哲学上讲的“抓重点”，掌握了这些核心内容之后也就掌握了“纲要”课的基本内容和教材框架。

（四）理论联系实际的原则

理论联系实际的原因在于“纲要”是历史课的同时，也是一门思想政治课，思想政治课的教学必须遵循理论联系实际的原则。学生所学的知识更好地转化为能够指导学生实践的政治思想。“纲要”课的政治性要求专题化教学中，需要联系当下的现实生活，通过“纲要”所学的历史教训与历史经验来指导大学生的日常生活，包括对社会当前的一些事件和热点形成正向的价值评论。专题形式的展开使得教学内容以问题的形式展开，以解决问题、指导实践为重点，学生的学习过程成为答疑解惑的过程，大大增强了“纲要”课堂的实效性。

（五）专题讲深讲透的原则

“纲要”由于时间紧、任务重，需要最大限度地提升教学效率，在统观教学内容的同时，还要将重点的内容讲深讲透，实现主题的升华。教师应当围绕教学目标，补充一些必要的历史知识与历史细节，作为课堂上的调味剂，提升学生的学习兴趣，活跃课堂氛围。

如“知人论世”方法的运用，涉及历史人物时，通过介绍历史人物的家世、生平经历，结合人物性格、人物处境也就了解到了人物在特定的历史时期行为的合理性与必然性。

如介绍与所学知识相关的热点学术问题，引导学生掌握深入分析和研究的能力，从不同维度激发学生认识问题与解决问题的能力，提升学生的综合能力。

二、“纲要”专题化教学设计的内容

围绕“四个选择”“三个为什么”“一个坚定”设计了以下八个教学专题，见表 2-1。

表2-1 “纲要”专题化教学设计的内容

序号	专题	主要内容
专题一	近代中国人民反侵略战争失败的原因分析	①社会制度的腐败 ②经济技术的落后
专题二	不同社会力量对国家出路的早期探索	①太平天国运动 ②洋务运动 ③戊戌维新运动
专题三	资产阶级共和国的实践与失败	①辛亥革命 ②三民主义 ③革命与改良
专题四	中国先进分子选择马克思主义理论的历史必然性	①器物—制度—文化 ②引入马克思主义的代表人物
专题五	以毛泽东为主要代表的中国共产党人探索和开辟中国革命新道路	①大革命失败的原因 ②“农村包围城市，武装夺取政权”
专题六	中国革命的胜利	①抗日战争胜利后，中国人民面前的两条路 ②三种政治力量对建国的主张及展开的较量
专题七	从新民主主义社会向社会主义社会的过渡	①中华人民共和国的成立 ②过渡时期的总路线 ③社会主义基本制度
专题八	对中国特色社会主义建设道路的探索	①改革开放及成绩 ②中国特色社会主义的接续发展
专题九	中国特色社会主义进入新时代	①中国特色社会主义进入新时代的发展前景 ②习近平新时代中国特色社会主义思想

第三节 “纲要”专题化教学案例

一、近代中国人民反侵略战争失败的原因分析

（一）专题介绍

失败的原因包括两方面的内容：

首先，社会制度的腐败直接导致中国沦为半殖民地半封建社会。从鸦片战争开始，再到中法战争、中日甲午战争、八国联军侵华战争等，最终以中国失败告终，中国政府被迫签订了一系列丧权辱国的不平等条约。

其次，经济技术的落后，主要表现为经济技术的落后以及作战能力的落后。19世纪中叶，西方资本主义强国经过工业革命，经济技术飞速发展，中国的封建统治者仍然闭关锁国，致使差距越来越大，最终使中国落后于时代的步伐。落后就要挨打，由于技术方面的创新及工业制造能力等方面远远落后于西方国家，才为西方列强侵略中国提供了可乘之机。

所以，在设置专题教学目的的时候，要使学生了解导致中国人民侵略战争失败的两大原因，一方面，社会制度的腐朽是反侵略革命失败的最根本原因——如果不推翻清朝的腐朽统治者，难以改变中国积贫积弱的现状；另一方面，经济技术及作战能力的落后成为反侵略战争失败的重要原因。需要引导学生认识到经济技术及作战能力的落后并不意味着中国就不能奋起反抗列强的侵略，也不意味着中国在战争中就一定失败。正是内外因双重的作用下，中国反侵略战争才没有成功。

（二）相关问题

（1）为什么说鸦片战争是中国近代史的起点？

（2）资本－帝国主义的入侵给中国带来了什么？

（3）反对外国侵略的斗争具有什么意义？

（4）反侵略战争失败的根本原因和教训是什么？

（三）必读文献

（1）毛泽东《中国革命和中国共产党》（1939年12月）。

（2）毛泽东《把我国建设成为社会主义的现代化强国》(一)(1963年9月)。

（3）孙中山《檀香山兴中会章程》（节选）（1894年11月24日）。

（4）习近平《实现中华民族伟大复兴是中华民族近代以来最伟大的梦想》（2012年11月29日）。

（四）延伸阅读文献

（1）马克思《中国革命和欧洲革命》（1853年6月）。

（2）列宁《对华战争》（1990年9—10月）。

（3）江泽民《高举邓小平理论伟大旗帜，把建设有中国特色社会主义事业全面推向二十一世纪——在中国共产党第十五次全国代表大会上的报告》

（一）（1997 年 9 月 12 日）。

二、不同社会力量对国家出路的早期探索

（一）专题介绍

太平天国运动、洋务运动、戊戌维新运动是中华民族为了寻求缓解民族危机和社会危机的探索。在这一专题中，需要就三次探索的性质、意义、失败的原因及经验教训进行总结。

在本章节中需要正确认识、掌握以下内容：

——太平天国作为农民起义其意义及局限；

——洋务运动的进步性与保守性；

——戊戌维新运动兴起与夭折、意义与教训。

在设置专题时要注意这三次探索的发展线索及过程，将重点放在这三次探索失败的原因及经验教训上，因为三次探索涉及时间跨度、历史人物、历史事件较多，所以要把握历史发展的脉络，对于一些延伸、拓展的内容不建议在课堂上组织讨论，而要放在课下进行延伸和拓展。

对于太平天国运动的评价要秉持客观的态度，应当将太平天国运动看作是农民阶级的反抗精神与战斗力量的外化，这次尝试有力地打击了西方资本主义侵略者。

在洋务运动的问题上，教师应当从中国近代的主要矛盾以及历史人物上分析，运用唯物史观的基本观点，对洋务运动给予客观的分析。

讲述戊戌维新运动时，应当注重分析民族资产阶级的局限性，明确改良的道路在半殖民地半封建社会的旧中国是行不通的，唯有革命才能改变现状，才能争取民族的独立与自由。

（二）相关问题

（1）如何认识太平天国农民战争的意义和失败的原因及教训？

（2）如何认识洋务运动的性质和失败的原因、教训？

（3）如何认识戊戌维新运动的意义和失败的原因、教训？

（三）必读文献

（1）《天朝田亩制度》（1853 年）。

（2）康有为《上清帝第二书》（1895 年 5 月）。

（四）延伸阅读文献

（1）洪仁玕《资政新篇》（1859 年）。

（2）梁启超《变法通议》（节选）（1896 年）。

（3）严复《原强》（1895 年 3 月）。

三、资产阶级共和国的实践与失败

（一）专题介绍

辛亥革命是在民族危机加深、社会矛盾激化、清政府“新政”破产的背景下，由资产阶级革命派首先发动的一场革命。辛亥革命的失败归结为三点：

其一，没有提出彻底的反帝反封建的革命纲领；其二，不能充分发动和依靠人民群众；其三，不能建立坚强的革命政党。

在专题化教学过程中，教师要引导学生深入了解辛亥革命发生的历史条件，其发生具有历史必然性，使学生真正认识到辛亥革命之后为什么会建立一个与封建社会截然不同的资产阶级共和国；要指导学生深刻认识辛亥革命的意义：它是中国近代史上的一次比较完全意义上的资产阶级民主革命，是中国人民为了救亡图存、振兴中华而奋起的一座里程碑，它使中国发生了历史性的巨变；还应当引导学生了解资产阶级的革命方案，并找到失败的原因，并且得出历史经验与教训；引导学生掌握新民主主义革命与旧民主主义革命的本质区别，在此基础上认识国情、了解国情。

（二）相关问题

（1）革命派在与改良派论战中是如何论述革命的必要性、正义性、进步性的？

（2）为什么说孙中山领导的辛亥革命引起了近代中国的历史性巨大变化？

（3）辛亥革命为什么会失败？它的失败说明了什么？

（三）必读文献

（1）孙中山《〈民报〉发刊词》（1905 年 10 月 20 日）

（2）毛泽东《纪念孙中山先生》（1956 年 11 月 12 日）

（3）习近平《在纪念孙中山先生诞辰 150 周年大会上的讲话》（2016 年 11 月 11 日）

（四）延伸阅读文献

（1）列宁《中国的民主主义》。

（2）《〈民报〉与〈新民丛报〉辩驳之纲领》（1906年4月28日）。

（3）《中华民国临时约法》（1912年3月）。

四、中国先进分子选择马克思主义理论的历史必然性

（一）专题介绍

近代中华民族面临着民族危机与社会危机，为改变中国积贫积弱的状态，社会各阶层开启了对国家出路的探索。这些探索经历了器物—制度—文化的历史演变。

先是认为武器落后，改良武器，于是兴起了洋务运动；洋务运动失败之后转向制度探索，于是掀起了戊戌维新运动，最终以失败告终。之后是资产阶级革命派，反对封建君主专制制度，建立起资产阶级共和国，最后仍然以失败告终。新文化运动则是在文化领域兴起的改革，在各种文化思潮的碰撞中，中国的先进分子选择了马克思主义理论作为思想武器，这也是历史的必然趋势。

在专题化教学过程中，教师需要着重强调引入马克思主义的代表人物：

新文化运动的精神领袖——李大钊、陈独秀；

五四爱国运动的左翼骨干——毛泽东等。

在组织教学中，要引导学生感受选择马克思主义是历史推动的结果，同时选择马克思主义也成为历史的唯一选择。

（二）相关问题

（1）中国的先进分子为什么和怎样选择了马克思主义？

（2）为什么说中国共产党的成立是“开天辟地的大事变”？

（3）什么是中国共产党人的初心和使命？为什么必须“不忘初心，牢记使命”？

（4）中国共产党成立后，中国革命呈现出哪些新面貌？

（三）必读文献

（1）李大钊《我的马克思主义观》（上篇）（1919年9月）。

（2）《中国共产党第一个纲领》（1921年7月）。

（3）习近平《在庆祝中国共产党成立100周年大会上的讲话》（2021年7月1日）。

（四）延伸阅读文献

（1）陈独秀《敬告青年》（1915年9月。

（2）《中国共产党第二次全国代表大会宣言（1922 年 7 月）。

（3）《中国国民党第一次全国代表大会宣言》（1924 年 1 月 23 日）。

五、以毛泽东取为主要代表的中国共产党人探索和开辟中国革命道路

（一）专题介绍

从五四运动到中华人民共和国成立的这段时间，中国仍然是半殖民地半封建社会，百姓仍然受三座大山的压迫，生活在水深火热之中。虽然中国的先进分子接受了马克思主义理论，并且在 1921 年成立了中国共产党，但中国共产党在最初的革命中仍然遭受挫折。大革命失败之后，集中体现中国革命正确方向的是毛泽东、朱德领导的井冈山革命根据地的斗争。井冈山革命根据地的建立为中国革命开辟了农村包围城市武装夺取政权的正确道路。

本专题主要围绕毛泽东展开，就要从毛泽东的早期实践、经历、主张、土地革命政策、军事理论、政治思想等方面入手，全面把握人物以及历史事件。其中“农村包围城市、武装夺取政权”是一条从未走过的正确的道路，中国共产党正是沿着这条道路，引导中国革命走向胜利。

在专题教学中可以引导学生关注毛泽东“农村包围城市，武装夺取政权”的思想发展历程：

（1）1928 年，毛泽东写了《中国的红色政权为什么能够存在？》《井冈山的斗争》，提出了以农业为主要经济的中国革命，以军事发动暴动和工农武装割据的思想。

（2）1930 年，毛泽东写了《星星之火，可以燎原》，其中指出红军、游击队和红色区域的建立和发展，是半殖民地中国在无产阶级领导之下的农民斗争的最高形式，和半殖民地农民斗争发展的必然结果，并且是促进全国革命高潮的最重要因素。

（3）1930 年，毛泽东在《反对本本主义》一文中，提出了“没有调查，没有发言权”③“中国革命斗争的胜利要靠中国同志了解中国情况”④。

这些著名的论断为中国革命的发展提供了理论基础，领导开创的井冈山革命根据地，创造性地解决了为坚持和发展农村根据地的一系列根本问题。

③ 《毛泽东选集》出版委员会．毛泽东选集（第一卷）[M] 北京：人民出版社，1991：109.

④ 《毛泽东选集》出版委员会．毛泽东选集（第一卷）[M] 北京：人民出版社，1991：119.

正是在以毛泽东为主要代表的中国共产党人集体的领导下，中国人民经过艰苦的奋斗，不断努力，推翻了半殖民地半封建社会制度，取得了新民主主义革命的伟大胜利，成立了中华人民共和国，实现了民族独立与人民解放的任务，为中国进入社会主义大生产提供了良好的社会环境。

（二）相关问题

（1）以毛泽东为主要代表的中国共产党人是如何探索和开辟中国革命新道路的？

（2）中国革命新道路“新”在哪里？

（3）从伟人毛泽东身上学到了哪些优秀的品质？如何指导实践？

（三）必读文献

（1）毛泽东《反对本本主义》（1930 年 5 月）。

（2）毛泽东《中国革命战争的战略问题》（一）（1936 年 12 月）。

（3）毛泽东《论新阶段》（七，13）（1938 年 10 月）。

（4）习近平《在纪念红军长征胜利 80 周年大会上的讲话》（2016 年 10 月 21 日）。

（5）习近平《在庆祝中国人民解放军建军 90 周年大会上的讲话》（2017 年 8 月 1 日）。

（四）延伸阅读文献

《关于若干历史问题的决议》（1945 年 4 月 20 日）。

六、中国革命的胜利

（一）专题介绍

本专题主要涉及的是“纲要”教材的第七章内容，将教学的重点放在了抗日战争胜利后，摆在中国人民面前的两条路以及中国共产党、国民党、民主党派三种政治力量对建国的主张及展开较量的过程。

本专题涉及的内容包括争取和平民主到击退国民党的军事进攻、全国解放战争的发展和第二条战线的形成、中国共产党和民主党派的团结合作、建立人民民主专政的新中国。通过本专题的学习，学生应当对中国共产党、国民党、民主党派有清楚的认识：

（1）了解中国共产党争取和平所做的工作，掌握中国共产党建立新中国的历程。

（2）了解国民党破坏和平，发动内战的过程，进一步认识国民党独裁本质，理解国民党反动派的覆灭是历史发展的必然结果。

（3）该时代背景下，中国国民党革命委员会（民革）、中国民主同盟（民盟）、中国民主建国会（民建）、中国民主促进会（民进）、中国农工民主党（农工党）、中国致公党、九三学社、台湾民主自治同盟（台盟）等民主党派在战后进行国共谈判和召开政协会议时，作为“第三方面”，主要是同共产党一起，反对国民党的内战、独裁政策，为和平民主而奔走呼号，为政协会议的成功作出了贡献，并为维护政协协议进行过不懈努力。在专题教学中，要了解各民主党派同中国共产党合作，并在实践中不断进步的相关内容及重要事件。

（二）相关问题

（1）抗日战争胜利后，国民党政府为什么会陷入全民的包围中并迅速走向崩溃？

（2）如何认识民主党派的历史作用？中国共产党领导的多党合作和政治协商格局是怎样形成的？

（3）为什么说“没有共产党，就没有新中国”？中国共产党领导中国革命取得胜利的基本经验是什么？

（三）必读文献

（1）毛泽东《论人民民主专政》（1949 年 6 月 30 日）。

（2）《中国人民政治协商会议共同纲领》（1949 年 9 月 29 日）。

（3）习近平《在中央政协工作会议暨庆祝中国人民政治协商会议成立 70 周年大会上的讲话》（2019 年 9 月 20 日）。

（四）延伸阅读文献

（1）《中国土地法大纲》（1947 年 9 月 13 日）。

（2）《中国民主同盟一届三中全会宣言》（1948 年 1 月 19 日）。

七、从新民主主义社会向社会主义社会的过渡

（一）专题介绍

本专题涉及的内容为“纲要”教材的第八章中华人民共和国的成立与中国社会主义建设道路的探索。在本专题中，要让学生了解中华人民共和国成立初期所面临的各种考验，了解党在过渡时期的总路线；分析中国共产党在当时的历史条件下开展的对农业、手工业、资本主义工商业的改造；了解社会主义基

本制度的确立过程及伟大意义。

在这一专题中涉及的重点包括新民主主义向社会主义转变的必然性、党在过渡时期的总路线及举措。本专题的难点在于如何理解中国民族资本家接受社会主义改造的原因。

（二）相关问题

（1）过渡时期总路线是如何反映历史必然性的？请谈谈你的理解。

（2）请结合当代中国发展进步的事实，谈谈你是如何认识建立社会主义制度的重大意义的。

（三）必读文献

（1）毛泽东《中国人从此站立起来了》（1949 年 9 月 21 日）。

（2）毛泽东《论十大关系》（1956 年 4 月 25 日）。

（3）毛泽东《关于正确处理人民内部矛盾的问题》（1957 年 2 月 27 日）。

（4）习近平《在纪念毛泽东同志诞辰 120 周年座谈会上的讲话》（2013 年 12 月 26 日）。

（四）延伸阅读文献

（1）毛泽东《在扩大的中央工作会议上的讲话》（1962 年 1 月 30 日）。

（2）邓小平《答意大利记者奥琳埃娜·法拉奇问》（1980 年 8 月 21 日）。

（3）习近平《在纪念中国人民志愿军抗美援朝出国作战 70 周年大会上的讲话》（2020 年 10 月 23 日）。

八、对中国特色社会主义建设道路的探索

（一）专题介绍

在本专题中，关于社会主义建设的正确理论原则及经验总结是主要内容。本专题涉及“纲要”教材第九章改革开放与中国特色社会主义的开创和发展。包括历史的伟大转折和改革开放的起步、改革开放和社会主义现代化建设新局面、把中国特色社会主义全面推向 21 世纪、在新的形势下坚持和发展中国特色社会主义等方面。

在专题教学开展时，教师应当事先树立十一届三中全会之后拨乱反正、改革开放、建设中国特色社会主义的跨世纪发展，总结改革开放以来的理论成果及实践成果，并剖析改革开放以及现代化建设能够取得伟大成就的根本原因。引导学生领会只有建设中国特色社会主义才能发展中国的思路，学生在教学过

程中，了解中国特色社会主义开创及发展的历程，坚定学生坚持走中国特色社会主义建设道路的信心。

（二）相关问题

（1）为什么说党的十一届三中全会是新中国成立以来的伟大历史转折？

（2）中国特色社会主义是怎样开创的？

（3）中国特色社会主义是怎样接续发展的？

（三）必读文献

（1）邓小平《解放思想，实事求是，团结一致向前看》（1978年12月13日）。

（2）江泽民《在庆祝中国共产党成立八十周年大会上的讲话》（2001年7月1日）。

（3）胡锦涛《在纪念党的十一届三中全会召开30周年大会上的讲话》（2008年12月18日）。

（4）习近平《在庆祝改革开放40周年大会上的讲话》（2018年12月18日）。

（四）延伸阅读文献

（2）邓小平《在武昌、深圳、珠海、上海等地的谈话要点》（1992年1月18日—2月21日）。

（2）江泽民《全面建设小康社会，开创中国特色社会主义事业新局面——在中国共产党第十六次全国代表大会上的报告》（2002年11月8日）。

（3）胡锦涛《坚定不移沿着中国特色社会主义道路前进，为全面建成小康社会而奋斗——在中国共产党第十八次全国代表大会上的报告》（一）（2012年11月8日）。

九、中国特色社会主义进入新时代

（一）专题介绍

这一专题与“纲要”教材第十章中国特色社会主义进入新时代相关联，包括开拓中国特色社会主义更为广阔的发展前景、夺取新时代中国特色社会主义伟大胜利、全面建成小康社会和开启全面建设社会主义现代化国家新征程。

本专题主要引导学生认识进入新时代之后我国的社会主要矛盾发生的变化，而针对新的矛盾制定了一系列战略布局，使得中国特色社会主义进入新时代。学生通过本专题的学习，深刻认识在新时代坚持和发展中国特色社会主义的伟大意义；中国特色社会主义是改革开放以来党的全部理论和实践的主题，是党和人民历尽千辛万苦、付出巨大代价取得的根本成就。专题的重点内容在于了解中国特色社会主义进入新时代以及我国社会的主要矛盾的新变化；深刻认识习近平新时代中国特色社会主义思想的历史地位。

（二）相关问题

（1）联系我国社会主要矛盾的新变化，如何正确理解中国特色社会主义进入新时代的内涵和意义？

（2）联系实际，谈谈党的十八大以来，党和国家事业发生了怎样的历史性变革，其意义是什么。

（3）党的十九大把习近平新时代中国特色社会主义思想确立为党必须长期坚持的指导思想并庄严写入党章。如何认识习近平新时代中国特色社会主义思想的历史地位？

（4）习近平在庆祝中国共产党成立100周年大会上的讲话中指出，在中华大地上全面建成了小康社会是中华民族的伟大光荣、中国人民的伟大光荣、中国共产党的伟大光荣。联系历史和现实，谈谈全面建成小康社会的历史意义。

（三）必读文献

（1）习近平《决胜全面建成小康社会 夺取新时代中国特色社会主义伟大胜利——在中国共产党第十九次全国代表大会上的报告》（2017年10月18日）。

（2）《中国共产党章程》（2017年10月）。

（3）《中华人民共和国国民经济和社会发展第十四个五年规划和2035年远景目标“纲要”》（2021年3月）。

（四）延伸阅读文献

（1）中共中央宣传部《习近平新时代中国特色社会主义思想学习问答》（2021年）。

（2）习近平《中华民族伟大复兴历史进程的大跨越》（2020年10月29日）。

第三章　“纲要”教学方法的多样化探索

在教学过程中，教法与学法共同构成了教学方法，教学方法分为四个层面的内涵，最顶层为指导思想，其次是基本方法、具体方法、教学方式，“纲要”的教学方式多种多样，常见的有比较式教学法、研讨式教学法、大事件解析法、课程考核法，教学方法的使用依照的是教师熟悉各种内容及教学环境下适合的教学方法，选对了教学方法，不仅能激发学生的探索欲，主动配合教学活动，还能提升“纲要”课的学习效率。

第一节　“纲要”比较教学法

比较法是“纲要”教学过程中常用的一种教学方法，比较教学法，即在学科教学中，教师同时向学生呈现两种不同的事物或内容，并使用类比和对比的方法引导学生观察，辨别它们的相同属性和不同特征的方法。

进行比较教学法应当遵循一定的原则。列宁曾经明确指出进行历史比较研究所必须遵循的最重要的原则：不是把一定的事实和观念比较对照，而是把它和另一种事实比较对照。唯一重要的是尽量确切地把两种事实研究清楚，使它们在相互联系上表现为不同的发展阶段，而特别需要的是同样确切地把一系列的状态，它们的连贯性以及各个发展阶段间的联系研究清楚。这即是说，不是把所比较的现象放在偶然的迹象上，而是放在实质性上，最典型的特征上。

比较教学法在“纲要”教学中的意义在于，通过比较教学法可以促进学生了解国史与基本国情，有利于总结历史规律，有利于提高评价历史问题、辨别是非的能力。

一、“纲要”课比较教学法的类型及案例

“纲要”课比较教学法包括纵向比较、横向比较、类比比较三种方法，大大拓展了“纲要”教学内容的宽度、广度与深度，见图示 3–1。

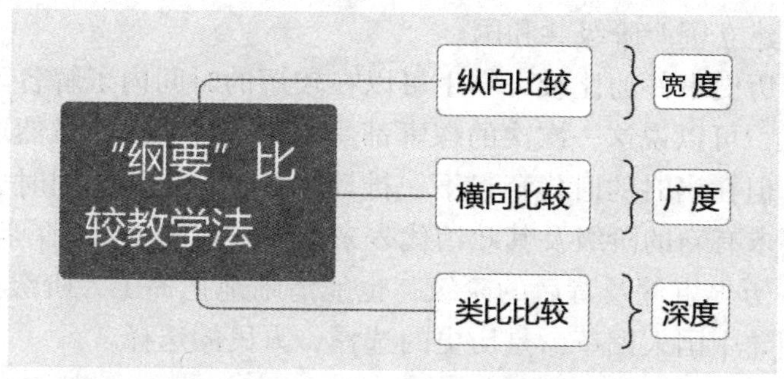

图 3–1　“纲要”比较教学法分类

（一）纵向比较——从历史发展维度进行比较

“纲要”教学的比较法可以从毛泽东的研究党史的“古今中外法”得到启示，1942 年 3 月 30 日，毛泽东在《如何研究中共党史》一文中明确指出：“如何研究党史呢？根本的方法马、恩、列、斯已经讲过了，就是全面的历史的方法。我们研究中国共产党的历史，当然也要遵照这个方法。我今天提出的只是这个方法的一个方面，通俗地讲，我想把它叫作‘古今中外法’，就是弄清楚所研究的问题发生的一定的时间和一定的空间，把问题当作一定历史条件下的历史过程去研究。所谓‘古今’就是历史的发展，所谓‘中外’就是中国和外国，就是己方和彼方。”将“古今”放在“纲要”研究中就是沿着历史的发展，研究不同时期的历史事件、历史人物之间的异同，把握历史发展的阶段性与规律性，这就是纵向比较；将“中外”放在“纲要”研究中，就是将历史事件、历史人物放在国际环境下进行比较，比较同一时期国内外政局的变化，这就是横向比较。

纵向比较法在“纲要”课教学中多有运用，通过不同时间段的历史事件之间的对比得到结论。

如总结历史事件背后的不同阶级对国家出路的改良办法。可以将太平天国运动、洋务运动、戊戌维新运动、辛亥革命这些历史事件进行比较。这四个历史事件的领导人不同，分别代表农民阶级、大地主阶级、资产阶级改良派、资产阶级革命派。所采取的改良方式也不同，太平天国通过农民起义试图推翻封建统治；洋务运动希望通过学习西方的科学技术来强国；戊戌维新运动希望通过皇帝自上而下的改良来摆脱困境；辛亥革命则是通过革命手段来实现三民主义。这四个历史事件的目的也不同，太平天国运动是为了反抗清政府腐朽的封建统治和地主阶级压迫、剥削；洋务运动是为了维护清政府的统治；戊戌维新运动是为了实现君主立宪制，发展资本主义；辛亥革命是为了推翻清政府和君主专制制度，建立资产阶级共和国。

通过以上历史事件的比较，学生可以在较短的时间内了解各阶级的特点及自身的局限性，可以说这一次次的探索都具有时代进步性，虽然未完成反帝反封建的任务，但在当时的时代背景下，推动了社会的进步。同时也揭示了历史的发展必然要求有新的阶级及其政治代表来充当时代的主角，探索国家的出路。通过梳理这些历史事件及背后的阶级，也能清晰地把握工人阶级及其政党——中国共产党领导中国人民革命是历史的选择，人民的选择。

（二）横向比较——以国内外视角进行比较

横向比较法注重同时代的国内与国际环境之间的比较。这一比较法不单单以教学案例的形式呈现，而是要贯穿于教学的整个过程。与西方之间的对比，重点应当放在中国与西方在国史和国情两方面，从而找到中国与西方面临不同境遇的根本原因。在比较国内与国际时，可以采取以下三种方式进行比较：

其一，中西开启近代的方式的比较。西方在第一次工业革命的影响下，商品经济得到较快发展，进而演进至近代。中国仍然处在以小农经济为基础的封建社会，“闭关锁国”的政策致使中国在遭受列强入侵的情况下，被迫进入近代。

其二，中西资产阶级共和国的比较。西方国家建立了资产阶级共和国，而中国处于半殖民地半封建社会的状态，除了受本国封建统治的压迫，还要受到西方列强势力的阻挠，加上中国的民族资产阶级本身具有软弱性与妥协性，使得民族资产阶级建立资产阶级共和国愿望不能实现。通过中西比较得出，在半殖民地半封建社会的中国，资本主义的国家出路是行不通的。

其三，中西方近现代的主要任务的比较。着重强调中国近代的民族独立与社会主义建设，一代代中国人为实现中华民族的伟大复兴而进行了不屈不挠的斗争，秉持顽强拼搏的精神，探索具有中国特色的社会主义道路，实现国家的富强。

（三）类比比较——“由此及彼”进行比较

类比法与横向比较法、纵向比较法同样重要，它是“纲要”比较方法的第三种代表方法。类比法也叫“比较类推法”，是指由一类事物所具有的某种属性，可以推测与其类似的事物也应具有这种属性的推理方法。“纲要”使用类比法是将同一类型或同一类别的历史事物进行比较，深入了解事件的性质，通过类比总结出历史事件的优势与劣势，进步与落后，方便学生正确把握历史事实。

这里举抗日战争胜利后到中华人民共和国成立的这段时间，类比共产党与国民党的政策：

——国民党继续实行独裁统治，发动内战；共产党争取和平民主；

——从1940年开始，国民党在统治区内大量发行货币，造成恶性通货膨胀，百姓生活异常艰辛；共产党开展了土地改革运动，农民分得田地，农民的积极性被广泛发动起来。

通过类比，可以让学生明白中国共产党领导的新民主主义革命取得胜利的原因，并懂得中国共产党领导中国人民走向胜利的必然性。

再比如中国共产党成立之后，中国的三种政治力量提出的三个建国方案：

——地主阶级以及买办性的大资产阶级：主张继续实行独裁统治，中国继续走半殖民地半封建社会的道路；

——民族资产阶级：主张建立资产阶级共和国，促进资本的发展，使中国走资本主义道路；

——以中国共产党为代表的工人阶级、农民阶级及其他进步势力：主张在工人阶级及其政党的领导下，反对封建主义，反对帝国主义，开展新民主主义革命，建立工人阶级领导的人民共和国。

通过类比，可以看到地主阶级以及买办性的大资产阶级、民族资产阶级建国方案的缺陷，地主阶级及买办性的大资产阶级具有反动性，民族资产阶级自身具有软弱性，难以实现民族资产阶级建国方案。而以中国共产党为代表的工人阶级、农民阶级及其他进步势力能得到广大人民群众的拥护与支持，故以中国共产党为代表的工人阶级及其他进步势力的建国方案成为指引中华民族取得独立与解放的正确方案。通过类比，可以使学生认识到以共产党为代表的建国方案的正确性，同时也具有历史必然性。

二、“纲要”比较法教学提升路径

这里就“纲要”课在开展比较法教学时的过程来展开，其提升路径可以以下几个方面来展开：

（一）比较法教学的前期准备工作

类比重在找到事物之间的异同，至少会涉及两个历史事件，这就要求教师具备扎实的专业知识以及大量的前期准备。在正式上课前，教师应当引导学生了解涉及历史事件的原因、经过、结果，多查阅相关资料，等到上课时，学生需要在搜集的资料基础上进行比较得出结论。可以说比较法教学比基础教学层次高，它是在基础教学基础之上展开比较，是对知识的纵向延伸。比较法教学开展过程中，可以采取多种手段，丰富教学形式。可以采取分组讨论的办法，各组各抒己见，调动学生的广泛参与，调动学生的学习积极性；可以采取辩论形式展开，活跃课堂氛围；可以借助现代媒体手段，如通过播放历史纪录片、录音、录像等对历史事件的背景做全面了解。

（二）比较对象的选取

比较法在教学中的运用强调通过将具有相似性的历史事件进行比较，得出更深层次的认识，所以具有可比性是比较对象选取的首要条件。可比性包括历史事件之间存在直接或者间接的关系，如太平天国运动与戊戌维新运动虽然是不同阶级代表的运动，但都是为了探索国家出路而展开的斗争，所以二者存在可比性。如果拿太平天国运动与新文化运动进行比较，发现两者之间并没有直接关系或者间接关系，因此两相比较毫无意义。

在选择对象时，应当遵循以下三大原则：

其一，坚持相关性原则；

其二，历史事件之间既有相同点，也有不同点；

其三，选择教师与学生熟悉的历史事件进行比较。

总之，“纲要”比较法教学过程中，只有将具有可比性的事物进行比较才有意义，选对比较对象，将拓展学生对历史理解的深度，对“纲要”的学习具有积极的意义。

（三）多样化比较教学模式的运用

历史比较法的独特之处在于，它将时间、空间发生的历史现象之间相同的抑或不同的属性进行分析，从而获得对历史本质的认识。现代“纲要”课课堂可以采取多样化的教学模式，运用不同的比较模式，实现“纲要”课堂效率的提升，如图 3-2。

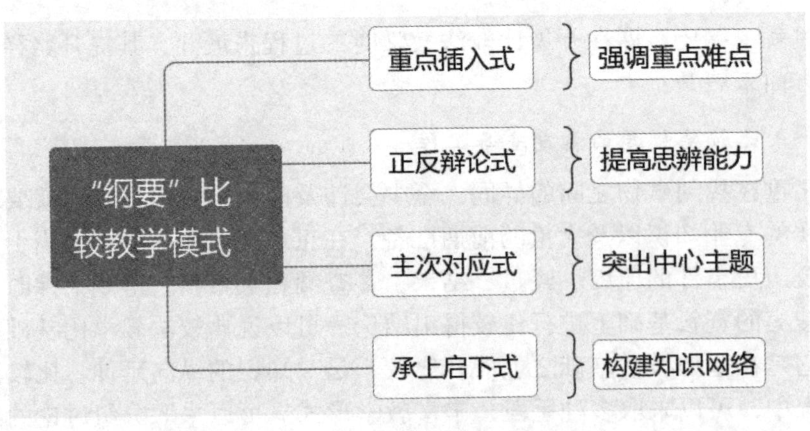

图 3-2 “纲要”比较教学模式

1. 采用重点插入式，强调重点难点

教学重点和教学难点是课堂教学中应当着重强调的，是课堂教学的重点。在强调课堂重点或难点时，可以选取相关的历史知识，形成历史比较主题，通过比较，深化重点、难点，促进学生对重点、难点的掌握。重点插入式的目的是强化重点和难点，切不可让选取的历史内容成为“主角”，造成“喧宾夺主”的局面。在教学中，始终把握主题开展，让比较成为理解重点、难点的工具。

2. 采用正反辩论式，提高思辨能力

对于“纲要”课中存在争议的历史事件或者历史人物，这时可以采取正反方对立的辩论形式来组织教学。采取辩论式的好处在于有利于培养学生善于思辨、善于思考的个性特征，还能起到活跃课堂气氛的作用。其操作过程，如图3-3。

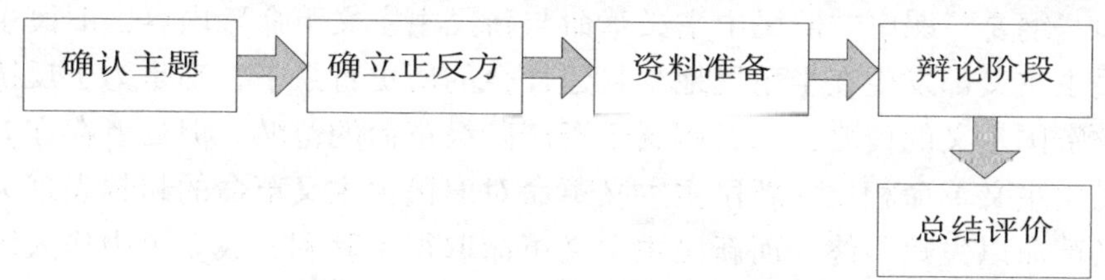

图 3-3　正反辩论式操作流程

如辩论太平天国运动的积极作用与消极作用，教师首先要确定两大比较主题：太平天国运动的积极作用及太平天国的教训，之后进一步拓展延伸，太平天国运动属于农民战争，进一步确定如“农民战争的积极作用大于消极作用”的主题。之后，教师根据学生的个人看法，将学生分为正方和反方进行辩论。之后就进入了资料准备的阶段，学生在课下搜集可以支持自己阵营的论点，自圆其说。辩论环节，正反方分别派出学生代表依据搜集的资料进行辩论。最后由老师进行总结评价。

3. 采用主次对应式，突出主题

主次对应指的是将正反两方面的历史事实编排成主次、明暗两条线索，通过反差对比得出结论。

如抗日战争时期，国民党与共产党采取的抗战策略。面对日本的侵华，中国共产党采取全面抗战路线，团结一切可以团结的力量积极抗日，与国民党的片面抗战路线形成强烈的反差。在这里中国共产党的全面抗战路线是明线索，国民党的片面抗战路线是暗线索，两相对比形成强烈的反差。由于国民党坚持形成“防共、限共、溶共、反共”的方针，因而在战场上接连溃败，在政治上反动保守；而中国共产党组成最广泛的民族统一战线，一致对外，因而得到人民的支持，开辟了敌后抗日根据地，成为抗日战争的中坚力量。

主次对应式比较用于正反分明，是非定论的历史事实中，与正反辩论式正好相反。主次对应式的教学为了增强历史的说服力，深化历史主题，提升学生辨别事情的能力，学生在学习过程中，也能养成通过历史事实说话的习惯，在解决问题时能以理服人。

4. 采用承上启下式，构建知识网络

从发展的眼光来看，事物的发展都是不断变化的，随着社会的发展、历史的进步而不断发展，所以“纲要”中存在大量的历史现象的承继。通过前后相关的历史事件的对比，可以揭示出历史现象之间的内在联系，也能把握历史演变的规律。

如“纲要”课中“旧民主主义革命与新民主主义革命”内容，旧民主主义与新民主主义都发生在半殖民地半封建社会的历史背景下，都是为了反抗封建社会及帝国主义的侵略，二者都属于资产阶级革命的范畴。但二者存在差异，与旧民主主义革命相比，新民主主义革命对旧民主主义革命的超越表现为旧民主主义革命以失败告终，而新民主主义革命取得了胜利，成立了中华人民共和国，实现了中华民族的独立与解放。

通过承上启下式比较教学，可以将孤立的、分散的历史知识关联起来，形成一个互相关联的网络，将新旧事物前后的主要形态及变化梳理出来，形成宝贵的历史教学成果。

（四）教学评价

教学评价在教学过程中起着重要的作用，通过教学评价可以有效评估当堂教学的成果，发现教学的优点，提出需要改进的方面，它是提升教学效率，促进课堂教学良性发展的重要手段。

在比较教学中，教师要扮演好主导者的角色，做好评价工作，尤其在最后的总结中，要简明扼要，一切从实际出发，通过历史实，客观、公正地评价历史事件、历史人物，从而使学生树立正确的历史观、价值观与人生观。

第二节 “纲要”研讨式教学法

所谓研讨式教学，是指教学过程中始终贯穿着问题研究、讨论，学生主动参与到问题的解决中，并获得知识，通过实践提升自我的认知能力、解决问题能力的教学模式，研讨式教学突出学生的主体性地位，通过学生的自主学习，激发学习兴趣，促进教学效率的提升。

“纲要”研讨式教学通过教师与学生之间的互动式教学，创设了宽松、研究性教学，在对话中推动“纲要”课教学的发展。通过研讨式教学还能发现更多的历史问题，便于学生通过解决问题来获取知识，同时解决问题的过程中也能锻炼学生积极思考的能力。总之，研讨式教学所呈现出的是一种开放性的课堂氛围，教师和学生能发挥各自的主动性，推动“纲要”课教学的发展。

一、“纲要”探讨式教学开发的动因

其一，“纲要”教材内容的重复问题。首先，“纲要”与中学历史存在重复。此时的大学生对“纲要”的认识表现为有基本的了解，但不够深入，在课堂上学生有着似曾相识的感觉，这在一定程度上降低了学生的兴趣以及求知欲，学生的学习积极性不易激发。其次，“纲要”与《毛泽东思想和中国特色社会主义理论体系概论》在内容上也有交叉，加大了“纲要”课的授课难度。

其二，“纲要”既是历史课，也是政治课，还是理论课，这大大加大了教学的难度。虽然有不少创新的教学方法提出，“纲要”教学课堂仍然存在着以教师的“教”和学生的“学”为主的教学模式，学生仍然处于被动地位，仍然需要探索更多的教学方式来拓展“纲要”课堂。

在教学实践中，研讨式的教学方式以其独特的研讨方式，不仅激发了学生的兴趣，还大大拓展了教学内容，对“纲要”课教学方式的探索有积极的意义。

二、“纲要”研讨式教学的一般过程

“纲要”研讨式教学的过程分为设计问题、解决问题、学生讨论、总结点评四步，如图 3-4。

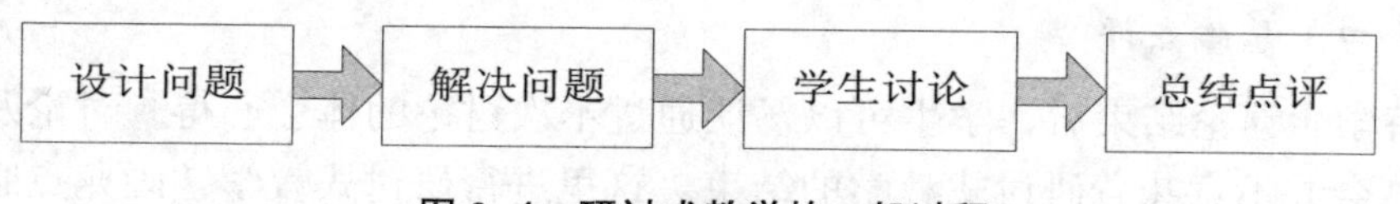

图 3-4 研讨式教学的一般过程

（一）设计问题

研讨式教学的第一步是设计问题，教学围绕教学目标、教学难点、教学重点展开，也可以从当前与“纲要”相关的热点切入设计问题。探讨式教学的一大优点是充分发挥学生的主体性地位，学生带着问题去学习知识，表现出浓浓的探索欲，大大地增强了学生的兴趣，因此在学习中也表现出更多的积极性，能主动配合完成教师布置的任务。

在设计问题的时候要遵循两大原则，首先，设计问题需要有深度，能促进学生思考；其次，设计的问题尽可能与当前的社会相关联，使学生产生熟悉感。

（二）解决问题

问题设计好之后，将学生以小组的形式进行划分，小组内明确各自的职责，通过分头行动、集体合作，完成工作任务。小组内学生为了获得资料需要到图书馆查阅相关专著、论文或者其他的文献资料，还可以到博物馆、历史纪念馆实地参观获得资料。另外，通过网络查询相关历史资料，拓展教学内容，从网络端还可以找到一些图片、影视作品等，将搜集的资料在小组内整理，整理出思路清晰的提纲或研究报告，形成研讨式学习的初始资料。

（三）学生讨论

学生讨论主要在课堂上展开，通过对所提的问题的分析、探讨，最终解决问题生成结果，在这一过程中，学生的分析能力、问题解决能力大大提升。学生讨论阶段是研讨式教学的关键环节，直接影响着研讨式教学成功与否。因此，教师在教学过程中，要发挥其主导作用，及时协调课堂进度、问题深度、课堂气氛等要素，保证学生讨论在可控的范围内发挥其最大的功效。

小组内推荐一名学生作为小组代表进行发言，发言的内容包括研究内容、研究方法、研究成果，并且在发言完毕后，接受教师与学生的提问，完成答疑环节。之后换下一组继续发言，其中学生讨论与教师教学时间所占的比例为1 ：1，尽量给学生充分展示的机会。

在讨论过程中会遇到如跑题、观点冲突等情况，需要教师因势利导，保证课堂教学顺利开展。

（四）总结点评

待学生讨论结束后，学生可以畅谈通过本次讨论的体会心得。讨论及交流心得体会并不意味着研讨式教学的结束。这里进行研讨式教学“画龙点睛”的一笔——教师总结点评，教师就学生讨论的情况给予评鉴，应表现出对学生讨论内容的肯定，同时还要注意学生在讨论时出现的问题，并一一评价。教师还需要在学生讨论结果的基础上，进一步升华，提升知识的广度与深度，将知识放在大的历史背景下加以总结与升华。如果时间允许的话，教师还可以结合该问题进行实践延伸，增强历史知识的实践性，进一步指导学生实践，促进学生形成正确的世界观、人生观、价值观。这样教师的总结点评经历了形象化的概括与具体化的指导，对学生的概括能力与实践能力的提升都有较大的帮助。

二、“纲要”研讨式教学完善路径

“纲要”研讨式教学一改传统教学模式，充分发挥教师的主导作用与学生的主体作用，对探索“纲要”课教学方法，拓展“纲要”教学深度有积极的意义。但“纲要”研讨式教学还需要进一步完善。

“纲要”研讨式教学可以从以下方面进一步完善：

（一）问题创设能力的培养

问题的创设直接关系到“纲要”课教学的成功与否，问题的科学性直接关系到教学目的是否达成，问题的新颖性直接关系到学生的积极性，所以，教师要综合考虑这些方面，力图找到最优结合点，创设出新颖、实用的问题。当然创设问题并非能信手拈来，而是要求教师根据自己的专业知识，结合大学生心理特征，结合当下社会热点，精心策划问题。

要想“授之以渔”，首先需要提升教师的专业技能，教师需要注重积累，实现从表层到深层的全面把握。除了教师层面，学院应该组织相关的教学技能交流会、培训会等，实现教师教学能力的提升。如桂林某大学马克思主义学院始终秉持“传、帮、带”精神，经常举行教学技能培训会，营造良好的教学研究氛围。如2018—2019年第二学期的教学技能培训会上，全体教师就青年教师如何快速成长，老教师如何不断更新教学理念好方法进行了交流。在会上强调“纲要”课教学不仅要注意史论的深入研究，不断提升教学技能，还要加强对学情的分析，增强与学生的互动交流，引导学生学习真善美。

另外，到教学环节，设计问题时要注意把握以下两个方面的内容：

其一，培养学生的科学历史观。“纲要”历史跨度一百七十多年，这期间发生了许多的历史事件，历史逻辑更是纷繁复杂，学生需要透过“纲要”提纲挈领，通过对重要历史事件及历史人物的分析完成对历史的初步认识，再通过讨论、教师评价实现对历史本质的认识，而学生在研讨式教学过程中，还应当寻找历史的规律，学习历史经验与教训，指导日常的生活和实践。

其二，培养学生的政治素养。“纲要”对大学生的政治素养的培养主要体现在“四个选择”上，使学生清晰地认识到在历史发展时代大潮下，“四个选择”的历史必然性，帮助大学生树牢理想信念，加强思想道德修养，强化政治素养。对于一些难以理解、困惑的历史问题，教师要做深入解析，及时解决学生思想困惑，实现“纲要”历史性与政治性的统一。

（二）构建新型师生关系

平等的师生关系助力研讨式教学的发展。研讨式教学注重教师与学生各自的能动性的发挥，要想提升课堂教学质量，新型师生关系的构建是必不可少的。通过发展平等的师生关系，一方面保持了教师平易近人的态度，另一方面坚持了民主讨论，使课堂讨论更加接近理想效果。

研讨式教学开展过程中，教师应当创设一个开放的课堂，在课堂上教师鼓励学生大胆创新，敢于质疑。无论学生回答得如何，教师都应给以鼓励。特别对一些不尽理想的答案，要有耐心，根据学生现有的知识结构，循循善诱，通过提问题的形式开展探讨，得出结论。在整个过程中，学生是解决问题的主体，教师在学习过程中充当引路人、解惑者，帮助学生在课堂上不仅仅获得历史知识，更获得了成就感与自豪感。

开展研讨式教学对教师来说最大的挑战是教师需要跳出传统的“灌输式”的教学模式，努力营造一个宽松、民主、活泼的课堂氛围，学生在这样的教学环境下，可以展开互动，与学生讨论，与教师探讨，实现了真正意义上的“互动式”教学。

（三）充分利用多媒体

高效率的“纲要”课堂应当是最大限度地挖掘课堂效率，利用多媒体可以大大改善教学环境，为广大师生学习内容及实践活动提供了便利。在研讨式教学中，适当使用一些多媒体资源能有效提高教学效果。

如在讲抗日战争的内容时，可以组织学生观看电影《太行山》，通过电影可以深入了解全面抗战时期，国民党与共产党在正面战场及敌后抗日根据地的作战情况，对抗日战争有全面的了解。观看完毕可以布置学生写一篇观后感，并要求学生走向讲台，说出感想。还可以就电影里的历史事件或者历史人物展开课堂讨论，加深对抗日战争相关事件的理解。教学的最高形式应当是在探索中完成课堂教学，通过最好的教学效果，促进学生的一般发展，所以，多媒体的运用大大便利了研讨式教学的开展，促进了学生综合素质的培养。

第三节　“纲要”大事件解析法

大事件解析法是指以关键事件、重大事件（以下统称为“大事件”）为突破点，对重点内容开展深层次研究，最终以点带面，完成“纲要”内容的整体把握。

其主要是通过综合性的材料理清历史发展脉络，通过深入挖掘学生接触不到的历史知识来吸引学生的兴趣，从而引导学生进行整体性历史把握与深层次的学习。与专题教学法、案例教学法相比，大事件强调整体性，不仅将大事件讲清讲透，还能保证“纲要”历史线索的清晰。

一、“纲要”教学大事件选择的依据

贯穿中国近现代史的一百七十多年中发生了许多重要事件，如何认定为“大事件”，这里总结了两个重要的标准：

首先，以“深刻领会历史和人民是怎样选择了马克思主义、选择了中国共产党、选择了社会主义道路、选择了改革开放”这“四个选择”为标准进行划分，与之密切相关的可以视为大事件，关系小或者没有联系的可以视为非大事件。这里主要从“纲要”课的性质出发制定的，“纲要”与专业历史课之间有着区别，“纲要”既是历史课，同时也是思想政治课，一些专业历史教学中认为的重大事件，可能在“纲要”这里不能成为大事件，所以要以思想政治性为主导来关照历史事件。

如 1929 年古田会议的召开（见图 3–5）。古田会议的召开是为了纠正党内和军队中出现的极端民主化、非组织化等错误倾向，毛泽东同志在会上首次提出“使党员的思想和党内的生活都政治化、科学化”的思想，为党的建设指明了正确方向。这次会议解决了中国共产党在中国特殊国情中建党、建军的历史性难题，对中国革命产生深远影响，因而在中国共产党和工农红军的发展史上有着极其重要的意义。古田会议回答了在农村革命战争的环境中，在红军中的党员是以农民为主的条件下，如何建设一个坚强的无产阶级政党和一支由这个党领导的无产阶级的新型人民军队的崭新课题。它与“四个选择”的关系密切，因此可以视为大事件。

图 3–5 福建上杭古田村古田会议旧址

其次，历史事件是否具有思想政治性。“纲要”具有较强的思想政治性，是作为思想政治教育的形式存在，要求学生在学习时不仅了解了我国的国史与国情，还能拥护中国共产党，坚定社会主义信念。

1929 年，除了古田会议的召开，还发生了的大事件如：

1 月，湘赣军阀“会剿”井冈山。毛泽东率领红四军从井冈山向赣南、闽西进军，开辟以瑞金为中心的中央革命根据地。

2 月底，爆发了“蒋桂战争”。

7 月，共产国际第十次全会。

8 月，沪宁民航正式开通。

12 月，“北京中国猿人”头盖骨化石发现。

蒋桂战争是以蒋介石为代表的国民党与桂系军阀李宗仁、白崇禧之间的战争，最后桂系败退，这在国民党内部属于大事件。共产国际第十次全会的召开、沪宁民航通航、“北京中国猿人”头盖骨化石的发现分别是共产国际、航空事业、考古界的大事。

而“纲要”的事件更倾向于与思想政治方面相关联的事件：

1 月，湘赣军阀“会剿”井冈山。毛泽东率领红四军从井冈山向赣南、闽西进军，开辟以瑞金为中心的中央革命根据地。

12 月，邓小平、韦拔群、张云逸、雷经天领导广西百色起义。

12 月，“古田会议”召开。

“古田会议”无疑是 1929 年党的重大事件，对之后的中国革命有长远的影响。所以，大事件需要有鲜明的思想政治性，对于思想政治性不突出的历史事件，教学中提及较少，不会作为重点内容讲解。

二、大事件教学原则

大事件教学过程中应当遵循以下两大原则：

（一）具体问题具体分析原则

所谓具体问题具体分析原则，指的是对于教材中明确提出的大事件，依照教材重点进行讲解；对于教材中没有涉及，但与“四个选择”密切相关，思想政治性强的事件，也应当按照近现代史发展的主线进行剖析。

“纲要”课中关于“古田会议”内容的介绍大约占据一页篇幅，内容比较重要，在教学中要强调“古田会议”是中国共产党和红军建设的纲领性文献，是党和人民军队建设史上的重要里程碑。

在教学中引导学生重点掌握以下四个问题：

建党、建军——纠正了党内错误的思想，确立了思想建党、政治建军的原则；

党的思想建设——指明党内各种非无产阶级思想的表现、来源及纠正办法；

红军任务——规定红军是一个执行革命的政治任务的武装集团，必须绝对服从共产党的领导，必须全心全意为党的纲领、路线和政策而奋斗；

红军任务——提出红军必须担负打仗、筹款和做群众工作的任务，必须加强政治工作。

“古田会议”一方面极大地推动了中国共产党的进步和中国革命的胜利发展，另一方面，加强了党和人民群众的联系。这些内容需要在课堂上详细讲给学生，方便学生了解在当时特定的时代背景下，“古田会议”对中国共产党及中国革命的重要意义。

（二）大事件关联历史脉络与现实的原则

意大利的哲学家、历史学家克罗奇指出“一切历史都是当代史”，古人也提倡“以史为鉴可以明得失”，所以“纲要”课的相关事件要与现实联系起来，在“纲要”教学中要培养学生两大能力：

其一，善于通过历史事件梳理历史脉络。通过历史事件的学习，累加历史事件，通过大事件共同构筑历史脉络，通过普通事件丰满历史脉络，达到对近现代史的全面关照。

其二，善于将历史事件与现实相关联。大事件的学习需要与现实问题关联，讲清楚大事件的历史意义及现实意义。

如“古田会议”的影响力一直持续到今天，其决议不仅成为延安整风的重要思想，还成为今天党的思想建设的重要参考。所以讲清历史意义，更好地指导学生的实践生活。

三、大事件的关联性

任何一个历史事件都不是孤立的，有产生的导火索、事件过程及结果。不同的历史阶段、不同领域、地域里一定是大事件群，这些大事件之间也有着某种联系。

以下举中国共产党成立 100 周年专题的教学案例。

教学课题	高举旗帜 继往开来。
教学目标	学习中国共产党成立以来的几件大事及其意义，进一步了解中国共产党领导中国人民取得民族独立和社会主义建设的艰难历程，体会坚持中国共产党的领导、坚持马克思主义的领导的重要性。

续 表

教学课题	高举旗帜 继往开来。
教学重点	中国共产党带领中国人民进行的新民主主义革命、社会主义革命和建设、改革开放和社会主义现代化建设的历程。
教学难点	（1）了解“没有共产党就没有新中国”的深意。 （2）坚持党的领导与坚持以经济建设为中心、坚持改革开放之间的关系。
教学方法	梳理法、讨论法等。
教学时间	一课时。
教学环节	教学过程．
组织教学	（1）课前准备： 组织学生搜集中国共产党成立以来所进行的革命、建设、改革的相关历史事件，确立历史发展脉络。 （2）导入： 全班起立，合唱《没有共产党就没有新中国》。 （3）板书： 高举旗帜 继往开来。 中国共产党从 1921 年成立至今，已经走过 100 年的风雨历程，观照这段百年历史，我们可以看到中华民族在中国共产党的领导下，取得了前所未有的成就。
场景回顾	下面选取几个镜头来回顾我党走过的百年历程：中国共产党的成立、中华人民共和国的成立、十一届三中全会、党的十九大（观看多媒体放映的相关事件的视频）。 场景一：中国共产党的成立 （1）课堂上请一位同学来介绍这件大事，并进行归纳总结： 成立时间：1921 年 7 月 1 日。 事件：中国共产党第一次全国代表大会召开，宣布中国共产党成立。 教学重点： 中国共产党成立的经过； 中国共产党诞生的历史意义。 教学难点： 中国共产党成立的条件，包括思想基础和组织基础。 （2）学生就中国共产党的成立对中国社会产生的影响进行讨论，并归纳出： 中国共产党登上了历史舞台； 中国人民的革命斗争有了领导核心与前进方向。

续 表

<table>
<tr><th>教学课题</th><th>高举旗帜 继往开来。</th></tr>
<tr><td>场景回顾</td><td>场景二：；中华人民共和国的成立
（1）请同学介绍中华人民共和国的成立并总结归纳：
成立时间：1949 年 10 月 1 日。
事件：中华人民共和国的成立。
教学重点：开国大典、中华人民共和国成立的历史意义。
教学难点：中国人民政治协商会议第一届全体会议的召开、新旧中国的对比。
（2）学生就中华人民共和国的成立对中国社会产生的影响进行讨论，并归纳出：
中华民族实现了梦寐以求的民族解放与国家独立；
中华民族将以崭新的姿态屹立于世界民族之林；
中华民族站起来了。
旧中国与新中国的比较：
<table>
<tr><th></th><th>旧中国</th><th>新中国</th></tr>
<tr><td>社会性质</td><td>半殖民地半封建社会</td><td>中国特色社会主义</td></tr>
<tr><td>国家命运</td><td>积贫积弱</td><td>富强民主、独立自主</td></tr>
<tr><td>人民命运</td><td>受“三座大山”的压迫</td><td>人民当家作主</td></tr>
</table>
场景三：十一届三中全会
（1）请同学介绍十一届三中全会的召开并总结归纳：
时间：1978 年 12 月。
事件：中国共产党第十一届三中全会的召开。
教学重点：
十一届三中全会召开的时间、内容及历史意义。
教学难点：
十一届三中全会召开的历史背景和思想基础。
使学生了解十一届三中全会的会议主要内容：
思想上：否定“两个凡是”的方针，重新确立了解放思想、实事求是的指导思想。
政治上：果断地停止使用“以阶级斗争为纲”的口号，作出把工作重点转移到社会主义现代化建设上来的战略决策。
组织上：形成以邓小平为核心的党中央领导集体，恢复了党的民主集中制原则。
（2）学生就十一届三中全会对中国社会产生的影响进行讨论并归纳，主要围绕三点：
会议作出了实行改革开放的新决策；
提出以经济建设为中心的观点；
中国人民从此富起来了。</td></tr>
</table>

续　表

<table>
<tr><th>教学课题</th><th colspan="2">高举旗帜 继往开来。</th></tr>
<tr><td></td><td colspan="2">场景四：党的十九大
（2）请同学介绍党的十九大的内容并总结归纳：
时间：2017 年 10 月 18 日至 24 日。
事件：中国共产党第十九次全国人民代表大会。
教学重点与难点：
习近平《决胜全面建成小康社会 夺取新时代中国特色社会主义伟大胜利》的报告。</td></tr>
<tr><td>探讨活动</td><td colspan="2">通过探讨分析，学生们明白的道理：（学生讨论并回答）
中国共产党是以马克思主义为指导思想的，只在中国共产党的领导下，我们才能取得革命的胜利和建设社会主义的伟大成就。</td></tr>
<tr><td>拓展活动</td><td colspan="2">学生讨论并回答要实现中华民族的伟大复兴，是否需要坚持中国共产党的领导。
学生经过讨论之后归纳并总结：
要实现中华民族的伟大复兴，必须坚持中国共产党的领导。</td></tr>
<tr><td>板书设计</td><td>场景回顾
场景一：中国共产党的成立
场景二：中华人民共和国的成立
场景三：十一届三中全会
场景四：党的十九大</td><td>探讨活动
通过探讨分析，学生们明白的道理
拓展活动
要实现中华民族的伟大复兴，是否需要坚持中国共产党的领导</td></tr>
</table>

在以上案例中，通过四个事件将中国共产党的发展脉络串联起来，从宏观上中国共产党成立百年以来的经验与教训串联起来。这几个事件本身也串联着许多的历史事件，所以在教学中要把握大事件与大事件之间，大事件与细小事件之间的关联，分清主次，由表及里，认识大事件的本质。

第四节　“纲要”课程考核法

课程改革是“纲要”课教学方式提升的重要手段，考核方式是检验教师教学成果、学生学习成果的重要途径。“纲要”考核方式呈现出分散的现状，对“纲要”课程的考核方式可以采取多层次、多形式、多途径、多载体的方式，有利于构建整体性的考核方式，促进对教师的教学成果及学生的学习成果的整体评价。

一、"纲要"课程考核改革的必要性

其一，当今时代的发展需要改革课程考核。

习近平在致第二十二届国际历史科学大会的贺信中说："世界的今天是从世界的昨天发展而来的。今天世界遇到的很多事情可以在历史上找到影子，历史上发生的很多事情也可以作为今天的镜鉴。重视历史、研究历史、借鉴历史，可以给人类带来很多了解昨天、把握今天、开创明天的智慧。所以说，历史是人类最好的老师。"中国近现代史"纲要"涵盖了一百七十多年的历史，各种历史事件、历史人物、社会思潮涌现，我们需要从中理出历史发展的脉络，帮助当代大学生重视历史、研究历史，从而借鉴历史。

而考查学生"纲要"掌握的情况成为"纲要"教学的重要内容，学生掌握"纲要"情况需要一套健全的考核机制，检查学生的学习效果，同时通过课程评价，查漏补缺，为进一步提升课堂效率，实现"纲要"课程成果转化提供了依据。改革课程考核方式，可以与时代发展接轨，真正实现所学的"纲要"知识为时代所用，指导学生发挥自我能力，推进我国社会主义现代化建设。

其二，以知识点记忆的考核形式需要优化。

近年来，各大高校对"纲要"课的考核方式进行改革，并取得了一定的成绩。如教师个人命题的实行，增强了教师教学的自主性；考试的时间也通过随堂练习展开，避免泄露考题。但这些突破幅度较小，涉及的考核改革形式较多，内容较少，考核内容的方式仍然以知识点记忆为主，通过写篇小论文、开卷考试或者完成思考题的形式作结，导致学生平时上课不认真，到考试突击背诵，敷衍了事。

无论从大的时代背景看，还是从当前的考核方式看，"纲要"课程的考核方式需要改革。在考核的时候可以采取平时成绩+考试成绩的形式，增强学生的学习积极性，转变学生的观念，变为"为掌握而学习"，真正实现知识转化指导实践的过程。

二、"纲要"课程考核方式改革的目的

"纲要"课程考核方式改革的目的是"以考促学、以学促用"，因考核是检验大学生学习效果及成果的重要方式。"纲要"课程变革一方面是改革教师的课堂教学，促进考试对学生知识掌握程度及学习水平的评价；另一方面是改革学生的学习方式，加强大学生对平时学习的重视，将知识的学习分散在平时的学习中，从而为创造性学习提供更多的机会。这里强调一下"以考促学"的

考不仅仅是期末考试的试卷考试，而是多次、多形式、多途径、多载体的考核，具体表现为：

多次：通过增加考核次数，来考核学生阶段性地对学习内容的掌握。

多形式：可以采取多种形式的考核，如上课回答问题的次数、知识问答、课堂测试、小组学习等。以小组学习考核为例，这种考核方式按照小组的整体表现及组内成员的表现进行考核，这种评价方式符合当地大学生的思维特点，将记忆能力、分析问题能力、解决问题能力结合起来，激发学生的探索欲。

多途径：主要考查学生课堂教学及课下教学的基本情况，这种考核有助于学生保持良好的学习状态，推动学生主动学习。

多载体：指运用不同的媒介，拓宽考核形式。

通过以上考核方式，实现考核内容的整合，促进知识点由点到线到面的拓展，大大提升了“纲要”教学的效率。

三、“纲要”考核的形式

当前“纲要”课的考核形式主要有两种模式，一种是平时成绩 + 期末考试成绩；一种是平时成绩 + 期中成绩 + 期末成绩。以下对这两种模式详细介绍。

（一）平时成绩 + 期末考试成绩

目前，有的高校的平时成绩和期末考试成绩的比例为 2 ∶ 8；有的学校增大了平时成绩的比例，达到 4 ∶ 6；有的学校会更高一些，达到了 6 ∶ 4。

1. 2 ∶ 8 的比例

平时成绩（20%）分为出勤和平时作业，其比例为 1 ∶ 1，见表 3–1。

表 3–1　平时成绩 + 期末考试 2 ∶ 8 比例考核内容

考核事项	考核分类	考核内容	占比（100 分）
平时成绩	出勤	出勤情况	10%
	平时作业	是否及时完成、测验完成情况	10%
期末成绩	期末考试	闭卷考试，分为单项选择题、多项选择题、辨析题、名词解释、简答题、材料分析题、论述题	80%

2.4 ∶ 6 的比例

平时成绩（40%）包括平时作业、课堂表现、出勤，其比例为 2 ∶ 1 ∶ 1，见表 3–2。

表 3–2 平时成绩 + 期末考试 4 ∶ 6 比例考核内容

考核事项	考核分类	考核内容	占比（100 分）
平时成绩	平时作业	是否及时完成、测验完成情况	20%
	课堂表现	考查学生的学习态度、参与课堂活动的积极性、课堂纪律等内容	10%
	出勤	出勤情况	10%
期末成绩	期末考试	开卷考试，分为单项选择题、多项选择题、辨析题、名词解释、简答题、材料分析题、论述题	60%

3.6 ∶ 4 的比例

平时成绩（60%）包括课堂表现、出勤，比例为 1 ∶ 1，如表 3–3。

表 3–3 平时成绩 + 期末考试 6 ∶ 4 比例考核内容

考核事项	考核分类	考核内容	占比（100 分）
平时成绩	课堂表现	考查学生的学习态度、参与课堂活动的积极性、课堂纪律等内容	30%
	出勤	考查学生的日常出勤情况	30%
期末成绩	期末考试	通过布置作业或者完成小论文，考查学生的理论及运用水平	40%

（二）平时成绩 + 期中成绩 + 期末成绩

有的学校实行的考核方式是平时成绩 + 期中成绩 + 期末成绩，有的比例为 1 ∶ 3 ∶ 6，即平时成绩占 10%，期中成绩占 30%，期末成绩占 60%；有的比例为 2 ∶ 1 ∶ 7，即网络学习占 20%，期中成绩占 10%，期末成绩占 70%。

1.1 ∶ 3 ∶ 6 比例

其具体考核内容，如表 3–4。

表 3–4　平时成绩＋期中成绩＋期末成绩 1:3:6 比例考核内容

考核事项	考核分类	考核内容	占比（100 分）
平时成绩	考勤	考查学生的日常出勤情况（5%）	10%
	作业、课堂提问、讨论、笔记	综合平时表现情况给出评定（5%）	
期中成绩	期中考核	以考试形式或论文形式展开	30%
期末成绩	期末考核	实行闭卷、统一考试，由教研室统一组织制作两套试卷，题型包括填空题、选择题、简答题、案例分析、论述题、辨析题等	60%
		不再组织期末考试，让学生利用假期做实践调查，根据学生撰写的调查报告给出期末成绩	

2.2 ∶ 1 ∶ 7 比例

其具体考核内容，如表 3–5。

表 3–5　网络学习 + 期中成绩 + 期末成绩 2 ∶ 1 ∶ 7 比例考核内容

考核事项	考核分类	考核内容	占比（100 分）
网络学习	网络学习	网络学习进度及表现（10%）	20%
	作业、考勤、课堂表现	考查学生的日常表现（10%）	
期中成绩	期中考核	以考试形式或论文形式展开	10%
期末成绩	期末考核	网络课程学习（30%）	70%
		期末考试以试卷形式展开（40%）	

三、“纲要”考核方式改革举措

（一）“纲要”考核方式改革的得与失

当前，“纲要”改革过程中取得了一定的成绩，表现在以下三个方面：

（1）注重过程性考核；

（2）注重学习实践；

（3）网络学习成为“纲要”考核的重要形式。

当然，“纲要”考核时还存在着以下问题：

（1）能力与思想方面的考核内容涉及较少，多集中在知识方面；

（2）课外实践教学内容考核的较少；

（3）平时成绩的考核标准不够统一；

（4）期末考核效果有限。

（二）“纲要”考核方式改革

结合高校的考核方式及教学目标，“纲要”考核方式可以围绕以下方式来改革：

其一，考核方式围绕考核目的展开。

考核的目的，一方面是为了评价教学效果，包括教师教学与学生学习成果；另一方面是为了促进学生学习的主动性。所以考核方式需要围绕这两个方面展开，围绕“纲要”的知识、能力、思想三个方面展开，以知识为基础，能力为重点，思想为升华，打造全面的考核体系。而检验考核方式的好坏要看学生的学习积极性是否被激发，学生是否主动参与到教学过程中去，是否使消极的学生投入教学中，保证“纲要”教学活动的进行。

其二，在不断的教学实践中找到思想考核的突破口。

思想考核是当下考核的一个难点，因为对“纲要”思想性的把握可大可小，可深可浅，且思想更多地通过实际行动来凸显，所以思想考核的突破口在实践教学中。通过实践教学，可以考查学生的思想觉悟，利用现有的一些资源进行爱国主义教育基地等实践教学，组织学生开展实践教学活动。还可以引导学生带着问题去了解与感受历史，学生通过实践在课堂上与同学分享经验，获得整体的思想方面的提升。

其三，丰富与拓展平时成绩的内涵。

平时成绩中的出勤、课堂表现、作业完成情况等其本质是反映学生学习的积极性，在考核开展时，要以提升学生的学习兴趣为出发点，只有学生的学习主动性提升了，学生的平时表现才越来越好。尤其在作业布置时，可以突出选题的时代性、实践性以及灵活性，同时还可以开展以小组讨论、课堂辩论等形式，激发小组合作能力，促进表演、口才、组织、逻辑能力的提升，避免了个别学生为应付了事，抄袭他人作业。

平时成绩如果能激发学生的兴趣，也会得到学生的积极响应，也会为考核方式献言献策，大大提升了平时成绩考核的开放性，为学生的综合素质的提升提供了良好的发展空间。

其四，拓展理论考试的开放性。

“纲要”作为思想政治课，要在历史课基础上衍生出思想方面的成效，这是“纲要”的独特性体现。但是作为考核“纲要”课教学成果的理论考试，与其他学科一样，偏重于考查历史知识，这样与思想政治课性质相悖。所以理论考试的考核应当逐渐转变为思想政治方面的考核，着重考查学生利用历史理论解决问题的能力。加大辨析题、材料题的比重，增强学生运用知识、分析问题的能力。另外，还可以加入一些对社会热点的分析，考查学生运用知识、观察细节、分析问题的能力。

其五，践行知行合一的理念。

“纲要”开设的主要目的是为建设中国特色社会主义培养合格的建设者与接班人，考核还可以将学生在思想方面的行为及表现纳入考核范围。对思想品德方面表现良好的，应当给予肯定，并体现在成绩中。对违反校规校纪的学生，应综合情况酌情减分。通过知行合一的理念的倡导，提醒学生注重知行合一，加强思想道德方面的修养，在实际生活中规范自己的行为，成为社会主义的合格建设者。

第四章　“纲要”教学组织的现代化探索

早在两千多年前的春秋时期，大思想家、大教育家孔子就提出了“有教无类”的说法，使得教学由个体化走向了集体化，一定程度上促进了教学的普遍化。我国的教学组织形式先后经历了个别教学、集体教学、班级授课制等，西方还出现了贝尔－兰卡斯特制、道尔顿制、设计教学法、文纳特卡制等教学组织形式。近年来，高校对“纲要”教学组织进行深入探索，取得了一定的成就。

第一节　“纲要”课堂教学与课外教学

一、“纲要”课堂教学

（一）“纲要”课堂组织模式

“纲要”课堂组织模式，指的是教师根据教学的实际情况制定不同的方案，以激发学生兴趣为出发点，调动学生的积极性，使学生在多种多样的教学组织模式中获得知识和提高技能的教学模式。

“纲要”课堂组织模式与其他学科一样，分为全班教学、小组教学两类：

1. 全班教学

全班教学是教师在较短的时间内，系统地进行全体教学，一般采取的是集中教学、集中解决疑难问题、集中检查教学效果，同时也为学生提供了讨论的机会。此方法适用于理论性强的历史知识。

2. 小组教学

小组教学，从字面意思看是通过小组组织的形式组织教学。小组教学注重个性化的培养，根据学生的学习能力及个性差异，来实行有针对性的教学。小组围绕历史主题，通过开展组内分工与合作，共同解决历史疑问，获得知识。小组合作重在培养学生自我学习能力与研究能力，通过问题寻找资料，小组讨论，最终得出结论。

教师在教学过程中，要掌握各种组织形式的特征，根据具体的教学情况来采取集体教学或小组教学形式，激发学生的学习积极性，创设问题情境，提高教学效率。

（二）“纲要”课堂教学结构

课堂教学结构指的是一节完整课的过程，一节课由若干步骤组成，这些步骤称为教学环节，将教学环节按照一定的顺序串联起来就形成了课堂教学结构。教学结构随着课程、教师的不同而不同，一般来说，“纲要”分为单一课与综合课。

1. 单一课

单一课，是指一节课只完成一项教学任务，如新授课（讲授新知识）、巩固课（巩固知识点）、练习课（强化练习）、检查课（检查知识掌握与运用能力）、讨论课（针对历史问题分组讨论）、探究课（对问题的深一层探讨）等。

如在讲授新知识为主的课堂上，其基本流程为（图 4–1）：

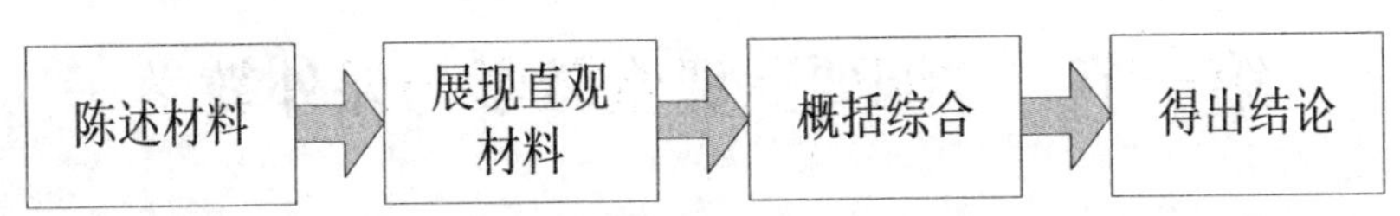

图 4–1　讲授课的基本流程

新授课是从具体事实到理论概括的过程，当然也有先提出理论再进行论证。

再如巩固课，巩固课指讲完一节课或一个单元之后，留出一节课对所学的相关知识进行巩固与强化，帮助学生对已学知识进行系统化、条理化，这种类型的教学结构分为以下四个环节（图 4–2）：

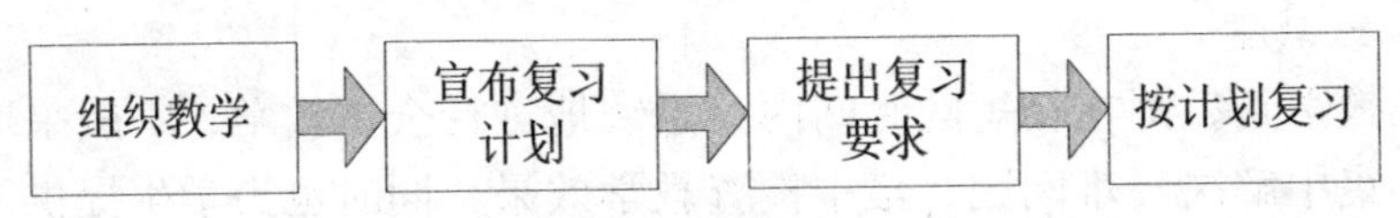

图 4–2　巩固课的四个环节

2. 综合课

综合课也叫混合课，指的是一节课可以完成多项教学任务。综合课其实是多种单一课的综合，综合科既复习和巩固已经学习的知识，又讲授新的知识点，针对简单的知识，还可以进行强化练习，实现讲课与联系在课堂上进行，大大提高了学生的注意力，提高教学效率。综合课的结构分为五个环节（图 4–3）：

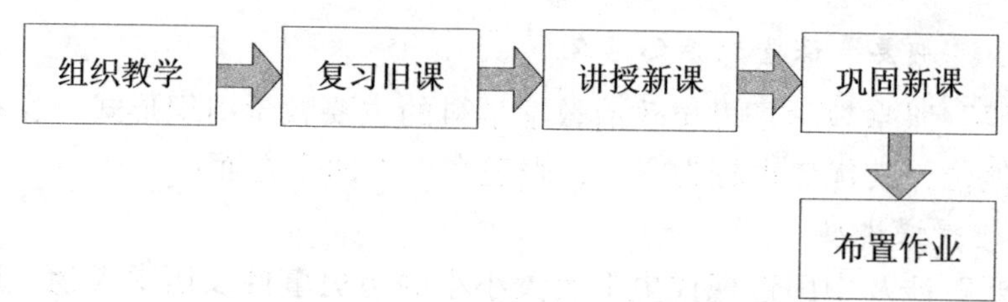

图 4-3 综合课结构的五个环节

（1）组织教学

组织教学是课堂教学的整个过程中为进行教学活动，实现教学任务而开展的课堂组织。一般来说组织教学有一定的规律性，但也不排除课堂突发事件，遇到突发事件时，教师应当利用自我教学经验或教育机智，及时排除一切不利于课堂教学开展的因素，促进教学按照计划进行。有时一些学生掌握困难的知识点，需要根据学生上课的反应，来灵活调整教学进度，保证教学效率。组织教学需要教师的基本教学技能，通常除了语言教授以外，还可以利用非语言的信息，如教师的教态、手势、动作等，此外，还可以利用现代媒体技术，帮助教学展示一些言语难以描述的现象，提高教学效果。

（2）复习旧课

一般来说，近现代史的知识是按时间逻辑编制的，上一节课的教学内容与下一节的教学内容有着内在的时间、因果关系，所以，在上课时对旧课的复习，有利于学生巩固旧有的知识，产生与新知识的联系。通常教师可以通过提问或者复述的方式完成复习旧课的环节。

（3）讲授新课

这是综合课的中心环节，教师在讲授过程中要牢牢把握历史事件的发展脉络，选择适当的教学方法，突出难点与重点，突出事件的因果关系，促进学生掌握新的知识。

（4）巩固新课

这一环节发生在课上，通常通过教师对新授知识点的总结与概括，或者通过做题的方式巩固知识点，目的是帮助学生加深对知识的识记。

（5）布置作业

是课堂教学的最后一个环节，这一环节正处于学生经过一天的学习，反过来复习当日所学知识的时刻，促进学生对知识的掌握。

这五大环节既相互联系，又相互独立，“纲要”教师根据教学内容及学生的基本情况来灵活运用。

（三）“纲要”课堂教学的意义

“纲要”课堂教学是思想政治教学学科的主要教学组织形式，在教学中处于主体性地位，其优势也较为突出，表现在以下四个方面：

1. 推进授课进度

“纲要”涉及中国近现代史上大大小小的历史事件及历史人物，还包括各种历史思潮，在有限的六十个课时中完成内容的学习，显然是不可能的，要提高教学质量，只能通过课堂教学来实现。课堂教学会将整个“纲要”课课程分为若干节，根据教学任务展开，有条不紊地完成“纲要”课的重点与难点的学习，推进授课效率的提升。

2. 增强师生互动

课堂教学可以增强教师与学生的课上互动，在教学中，教师就难点与重点及时向学生提问，提高学生的注意力，巩固该知识点；同时，学生在遇到疑惑时，也可以及时向老师询问，找到解决办法。好的课堂是师生共同参加，合作互动的过程，在这一过程中完成“教师的教”与“学生的学”的结合，增强师生之间的互动。

3. 促进学生牢固掌握知识

“纲要”是一门集科学性与系统性为一体的完整的思想与理论体系，需要由浅入深地引导，教师在教学过程中，根据学生的历史水平及接受能力来制订教学规划，循序渐进完成“纲要”课的学习。如第六章——中华民族的抗日战争，其章节设置为：

第一节　日本发动企图灭亡中国的侵略战争

第二节　中国人民奋起抗击日本侵略者

第三节　抗日战争的正面战场

第四节　抗日战争的中流砥柱

第五节　抗日战争的胜利及其意义

以上章节通过课堂教学，将抗日战争的起因、经过、结果串联起来，同时在教学过程中采用讲授法、灌输法等理论性的方法及案例法、讨论法、影视媒体法等实践性方法来讲课，并进行总结。通过课堂教学的学习，学生理解了抗日战争的争议性和进步性，认识到抗日民族统一战线的意义，理解中国共产党及其领导下的人民革命力量是抗日战争的中流砥柱，理解抗日战争胜利的意义、原因及基本经验。

4. 集体精神及纪律性的培养

课堂教学属于集体性的教学活动，学生通过与教师、与学生的协作，实现学生与教师、学生与学生之间的良好关系的形成，学生在集体环境下，可以养成集体意识，树立集体精神，自觉养成良好的课堂习惯，遵守课堂纪律，与老师默契配合，完成教学内容的学习。

（四）“纲要”课堂教学的原则

“纲要”课堂教学的组织形式及结构需要根据内容及学生的具体情况来组织。教师在课堂教学过程中，有效地开展“纲要”教学活动，杜绝随意的、无目的的教学活动，恰当地引导学生学习教学内容。在组织过程中，需要坚持以下原则：

1. 兴趣激发原则

兴趣激发原则，是教师采取多样化的教学方法，激发学生学习“纲要”的动机及兴趣，完成“纲要”的学习。教师可以在学习的过程中给予学生充分的肯定，鼓励学生在学好课程知识的同时，拓展对历史事件、历史人物、思潮等的深入了解，培养学生运用历史角度及辩证方法思考问题。

2. 紧扣教学任务原则

教师开展的多样化的教学组织形式的首要目的是完成“纲要”教学任务。教学任务有总的任务，也有总任务统领下的分任务，即具体到每一节课需要达成的任务。一般教师采用综合课，其课堂包含各种单一课，当然，为了强化某一方面，则需要采取单一课；如为了培养学生分析问题、解决问题的能力，则需要开展练习课。

3. 启发引导原则

教师在充分尊重学生主体性地位的同时，也要积极发挥教师的引导作用。教师在学识、专业上对学生辅导，使学生在最短的时间内尽可能掌握更多的知识，并且一直处在主动求知的状态。其基本的要求为教师要发挥好自己的课程领导者、班级组织者、教学目标制定者的角色，掌握教学进度，并在实践中指导学生有效学习。通过方法、手段的引导，形成学生解决问题的手段，促使学生获得知识迁移能力，使学生获得学习“纲要”的自信心。

在学习“纲要”的过程中，不仅要启发学生学习“纲要”的兴趣，还要引导学生主动建构自身的知识结构与学习经验。教师应当创新教学与学习思路，引导学生了解自身学习方式，从而构建一个教师主导，学生主体互动的交流平台，促进“纲要”教学的开展。

4. 结合学生实际原则

教学形式的选择，离不开对学生的分析。制约“纲要”课教学组织的为教学实践及教学对象——学生。不同的地区、院校、不同专业的学生的知识结构是不同的，所以教师在安排教学组织形式的时候，要充分结合学生的实际。

二、“纲要”课外教学

“纲要”课外教学是作为“纲要”课堂教学的必要补充与延伸存在的，同样也是高校思想政治课的组成部分。

课外教学指的是教师组织的课堂教学之外的所有教学活动的统称，指通过班级、小组或者个别化教学等形式，按照一定的操作演示程序，灵活的教学手段及教学方法，在开放的时空环境与氛围中引导学生主动参与体验教学的全过程。在过去，教育学家对课堂教学给予了更多的关注，而对课外教学常常忽视。尤其近现代课堂教学——班级授课制的产生，一度将课堂教学推向了前所未有的高度。经过一段时间的发展，班级授课制也暴露了一些弊端与缺陷。对课堂教学的拓展与延伸就是课外教学，通过课外教学将课堂教学与学生的自学活动、实践活动、科研活动联系在一起，实现从知识的单向接收到学生主体性自觉接受知识的过渡。

按照场所的不同，课外教学分为课外活动与社会实践两部分。

（一）课外活动

课外活动是离开课堂教学，在校园内组织的教学活动，主要有以下几种形式：

1. 图书馆寻找资料

信息时代，促使信息的接收方式多种多样，同样，学习方式也发生了变化，朝着多样化的趋势发展。教学组织也可以展现多样化的教学方式。教师可以组织学生到图书馆通过搜集书籍、报刊、文献等来收集相关教学内容。教师可以通过小组的形式实现组内信息查阅的分工，各学生通过搜集图书馆的相关资料，培养检索信息的能力，也拓展了学习的方式。

2. 专题讲座

专题讲座的教学组织形式具有一定的灵活性，对提高学生的思想觉悟及政治修养有一定的意义。讲座一般有两种形式：理论政策、知识讲座。

理论政策的相关专题讲座可以结合近期国家的热点来讲解，促使学生将历史知识与政治热点结合起来。

知识讲座，即选取一些当代大学生感兴趣的话题，进行深层次的讲解，进一步激发学生的兴趣，逐渐培养其运用理论知识解决实践问题的能力。

3. 网络教学

主要用于课堂教学的延伸学习，教师可在课上将没有展开的内容收集起来，引导学生在课后进行自主学习，通过电脑、手机集等打造网络学习平台，建立互动版块，增进学生与学生、学生与教师之间的课下互动，教师在网上互动版块中也能解答学生的疑问，大大拓展了“纲要”课的学习范围。

4. 现场教学

教师还可以组织学生参观革命纪念馆、博物馆等地，进行现场教学。在进行现代教学之前，教师需要做大量的准备，首先，需要对教学现场进行实地考察，选择恰当的学习场所；其次，根据现场环境设置教学框架。现场教学还需要考虑出行安全问题，在保障安全的情况下，参观历史展览，现场教学通常给学生以“身临其境”的感觉，增强了历史厚重感。

（二）社会实践

实践教学是课外教学的高级组织形式，指的是学生在教师的指导下，走出教室，所从事的社会实践活动。社会实践以提高学生发展问题、解决问题的能力为目的，通过社会实践实现了学校教育与社会教育的结合，为学生进一步掌握社会经验奠定了基础。社会实践所追求的理念是发挥学生主观能动性，使学生在实践活动中获得情感体验与养成正确的价值观，帮助学生主动参与到社会实践中，完成感性认识向理性认识的升华。

1. 社会实践的步骤

社会实践一般分为四个步骤（图 4–4）：

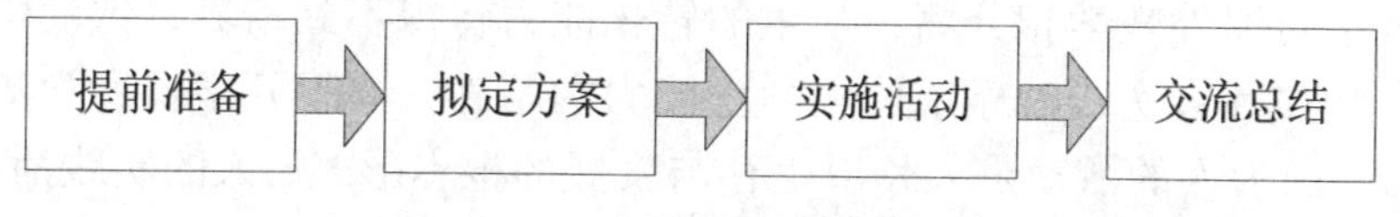

图 4–4 社会实践的四大步骤

（1）提前准备

在进行社会实践之前，教师需要结合时间、地点、对象、交通工具等问题进行前期规划，制定活动流程。如果人数众多，需要分为若干小组，每个小组设置小组负责人，全面负责小组人员的签到、安全问题。如果出行的人数较少，则对参加实践的人员进行事前指导，确保每位学生知晓实践的内容及注意事项。

（2）拟定方案

师生共同制定实施流程或计划，其流程应当包括时间、地点、主体、参加人员、参观形式、活动方式、物料准备等。教师在拟定方案环节主要起着引领的作用。在实践开始前，教师应当提前将实践流程发给每位学生认真阅读，确保学生了解实践流程，进一步促进社会实践顺利进行。

（3）实施活动

教师在实施活动环节，首先要确保学生的安全，要充分发挥学生的主观能动性，了解实施活动的进展，引导活动按照方案实施。另外，教师还要注重教学与家庭、社会、社区等保持密切的联系。待活动结束之后，要了解学生的学习效果，了解学生实践感受，为下一次的社会实践活动积累经验。

（4）交流总结

学生在实践活动结束后，将个人或小组的收获汇总起来，通过多样化的形式表达出来，教师此时应当关注每位学生的发展情况，并及时给予评价与反馈。

（二）“纲要”课外教学的意义

1. 课外教学与课堂教学构成了有机的整体

学生获得知识的过程是感性认识与理性认识相结合的过程，课外活动与课堂活动的结合是知识与能力双向互动的过程（图 4–5）。哲学上讲，知识的获得有两个阶段，第一阶段是感性知识；第二阶段是理性知识。理性知识是感性知识的高级发展阶段，感性知识是理性知识的基础，感性知识越多、越丰富，理性知识就越深刻。而感性知识的认识需要从日常的生活中获得，课堂教学的本质就是书本知识的学习，书本知识的学习一般是一种理性认识的过程，它是在感性认识的基础上不断充实与完善的。

另外，学校开展的课外活动，能促进书本理论知识向实践能力的转化。如果课堂教学与课外教学相分离，学生的转化能力将得不到培养，致使学生在进入社会，参加社会实践时碰壁。大学生能力的培养，离不开学校所学的知识与生活实践。因为人的活动是人赖以生存与发展的根本形式，人的实践活动越多，活动的内容越丰富，其能力培养越快。

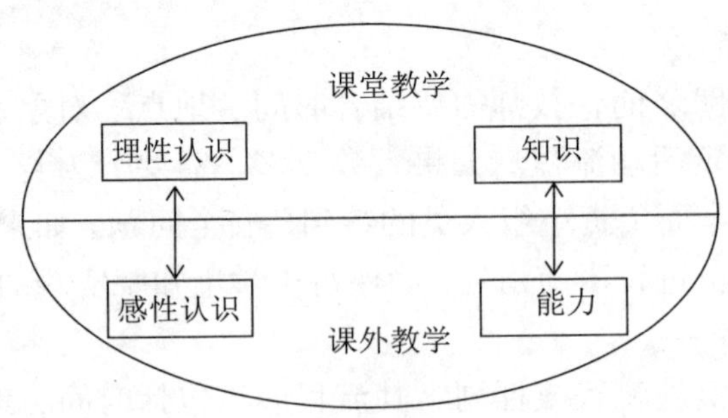

图 4–5　课外教学与课堂教学的双向互动

2. 激发学生兴趣，增强学生体验

“纲要”的教学目的并非是期末考试合格，它要达到的更高的目的，是通过学习历史，影响学生的情感、态度、价值观，进而影响大学生政治思想。课堂教学重视理论的学习，容易将学生困在书本里，虽然获得了书本知识，难以实现能力的提升。所以课外教学很有必要，学校除了开展课堂教学之外，还应当建立起课外教学实践模式，促进学生与社会的联系，让学生从不同渠道获得历史的认识与感悟，增强学生学习的动机，强化自我塑造能力。

3. 培养学生服务意识

课外教学是将知识转化为能力，其能力进一步提升的过程，这期间不仅有综合实践能力的提升，还培养了学生的社会责任感，自觉养成服务意识，为社会服务。课外教学的根本目的在于培养学生的各种能力，包括实践能力、研究能力、合作能力等；在于培养兼具理论知识与实践能力的优秀人才；在于培养有较强的社会责任感，能够为社会主义现代化建设贡献力量的人才。

学生在能力培养的过程中，要自觉养成服务意识，通过自主、合作、探究等多样化的实践活动，为社会和国家服务。

第二节 “四维并进”提升“纲要”课程的亲和力

一、“四维并进，集成创新”基本内涵

“四维并进，集成创新”是东北师范大学围绕要素协同而创设的思政课课程体系。“四维”指的是学生、教材、教师、合力四个维度：

学生——充分了解大学生的成长心理与思想状况，打造亲和力，解决教学的针对性问题。

教材——对教材的研究，是为了完成教材体系向教学体系的转化，为专题式教学提供条件。

教师——教师在教学中起着引导的作用，要激励教师，增强教师的职业成就感与幸福感，解决教师职业倦怠、动力不足等问题。

合力——即要统筹发展，协同联动，缓解各自为战，互不关联的局面。

“四维并进，集成创新”的改革的模式之间有着密切的关联，见图 4-6。

实现集成创新是为了实现统筹设计、综合改革、集成创新、协同育人的目的。

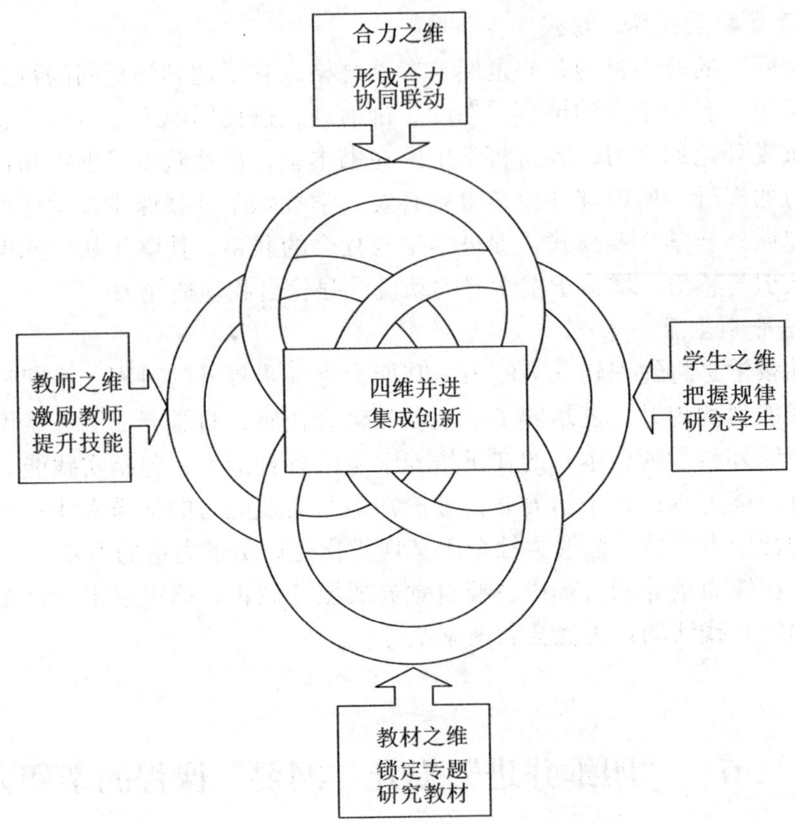

图 4–6 “四维并进，集成创新”思政理论课程示意图

二、“四维并进”在教学组织上的运用

“四维并进”大大拓展了教学的范围，不仅包括研究学生的成长及心理特征，还串联课后的一系列课程教学，将思想政治教育融合在学生思想政治教育的全过程。同时，“四维并进”还探索多维度的思想政治理论课，实现学生感性认识与理性认识的发展，同时也促进了学生由理论向实践的进一步转化。

（一）围绕学生开展教学改革，把握规律

围绕学生成长成才规律，开展了以下几个方面的工作：

1. 课程教学上的探索

运用经济学的基本原理，构建了大学生成长规律的“雷达图模型”，对大学生成长规律进一步深入研究，完善其理论阐释，并形成理论专著《当代大学生成长规律研究》。

《当代大学生成长规律研究》一书，是一本研究大学生成长规律的专著，从大学生成长实践出发，在深入分析大学生成长规律的基本理论的基础上，从五个基本规律、四个阶段规律、六大热点切入，较为全面地考察与总结了大学生成长规律，并有针对性地提出了若干应对策略与建议。

2. 全国范围内的调研

东北师范大学连续五年对本校的学生进行六个阶段、八个方面的调研，在调研中，建立了学生成长典型问题资料库。同时还向全国的22个省市的90余所高校征集典型案例，包括当下学生的人生观、世界观、价值观、就业、网络等热点问题[①]。调研具有广泛性的同时，还深度研究个案，突出问题的解决，找到影响大学生思想成长的各种因素，了解大学生在思想政治方面的价值取向及一般行为，为整体了解大学生的思想政治状态及普遍关注的热点问题展开深入的探讨。

（二）读懂与研究教材，生成专题

教材是教学的依据，需要对教材进行深入研究，对教学内容进行深度剖析，确定内容重点与难点，然后各个击破。要实现教材为教学所用，首先要吃透教材，其次要对学生有充分的了解。之后可以结合学生的兴趣点与当今时代的热点形成专题。

要提高专题的质量与教学的效果，学校需要发挥教师集体备课的作用，其具体做法是组织学校的全体思政教师，对具体教材的各章节进行深度解剖，了解各章节的教学目的与教学内容，然后从学生可能感兴趣的角度切入，并针对学生的关注点、困惑点反复进行对照与分析，形成相对稳定，又具有时代新意的专题思政课。

（三）激励教师，提升技能

东北师范大学紧扣课前、课中、课后三个关键环节，确立了优化教师教学方式的四项制度。

在课前环节，实行“集体备课制”和“师生辩课制”。“集体备课制”是指在每一堂课开始之前，从“堂堂有精彩，人人有特色”的目标出发，围绕“讲什么、怎么讲、为什么这么讲”等问题，全体献计献策，增强课堂教学的针对性。“师生辩课制”是指在教师正式走上讲堂前，选取学生代表与授课教师就即将

① 李忠军.高校思政课教学方法集成创新的探索与实践[J].中国高等教育，2014(06):26-29.

开始的课堂教学展开辩论，准确把握学生的关注点和困惑点，切实提高教师对课堂的驾驭能力。

在授课环节，实行新老教师“编组听课制”。返聘老教师组成教学督导组，为每名新教师配备一名专职指导教师进行全程跟踪指导，确保新教师授课质量。

在课后环节，实行“案例评课制”。学部通过“周讨论、月交流”的方式，实行案例研讨和交流。每周由督导组提交一个新教师授课中出现的典型问题，供大家集体讨论，避免类似问题再次发生。每月由一位新教师讲授一堂“公开课”，供全体教师观摩研讨。

（四）形成合力，协同联动

包括课上、课下以及课内、课外两个方面其目的是巩固教学成果，增强教学的实效性。

1. 课上、课下一体化

东北师范大学利用“BB 网络平台”大大扩展了教学空间，在教学上加大专业教师与辅导员之间互动，促进他们在教学目标、教学过程中的一致性，实现学生信息共享。合力表现为专业教师与学生、辅导员与学生以及学生与学生之间彼此形成融洽的关系，不断提升思想政治的教学效率。

2. 课内、课外相衔接

在课堂上，通过组建马列学习小组带动班级开展探讨研究；在课外，也可以通过参加马列协会等理论社团来扩展课外思政内容。同时，利用网络平台，搭建小组研讨、班级汇报、思政活动、思想论团等理论与实践交流互动的平台，实现课内、课外的衔接。

三、“四维并进”提升“纲要”课程的亲和力路径

（一）关于思政课的亲和力

习近平总书记在学校思想政治理论课教师座谈会上强调，推动思想政治理论课改革创新，要不断增强思政课的思想性、理论性和亲和力、针对性。其中亲和力的提升是一项系统的工程，直接关系到高校是否朝着社会主义办学方向发展，是否落实立德树人的根本任务。

“纲要”作为思想政治领域的代表课程，理应要提升亲和力，实现大学生对中国近现代史的全面掌握，并从具体的历史事件及历史人物中吸取教训，指导大学生现实生活及职业人生规划。要提升“纲要”课的亲和力，需要教师与学生围绕教学内容、教学方法、教学手段等一系列的教学要素相互培养，营造

出一种亲切、和谐的气氛，以此来提高教学效率，培养学生对“纲要”课的亲和力。

（二）“四维并进”提升“纲要”亲和力的手段

围绕“四维并进”理论主张，从学生、教师、教材、合力四个方面展开：

其一，以生为本，以情感人，增强“纲要”课的亲和力。

在以学生为本的“纲要”课教学中，需要构建情境，促进以情感人、以情动人的课堂氛围。

在“纲要”课教学中，根据学生的心理特点选择学生喜爱的教学形式来展开教学，其形式可以多种多样。教师可以根据学生的特点及教学内容选择不同的教学主体及教学目标，如请学生通过表演、情景剧、朗诵、歌曲、讲故事等形式，再现“纲要”内容。学生在模拟情境的过程中，不仅可以主动获得历史知识，还能加强对历史知识的认识，并结合自我观点进行实践和创新，在这一过程中大大增强与“纲要”课的联系，其对“纲要”课的亲和力也在逐渐加深。

例如学习第七章“为建立新中国而奋斗”的内容的时候，为了使学生认识到历史、人民是如何选择中国共产党这一关键性问题时，可以展开一场“穿越时空的对话”。

当时抗日战争取得了胜利之后的历史，其涉及的历史事件有：从争取和平民主到击退国民党的军事进攻；全国解放战争的发展和第二条战线的形成；中国共产党与民主党派的团结合作；建立人民民主专政的新中国。

围绕“历史和人民”的选择，可以进行以下教学流程（图 4–7）：

图 4–7　模拟情境的教学流程

分配任务——选择五名学生完成“穿越时空的对话”，设主持人一名，四名代表工人阶级、农民阶级、民族资本家、国民党的。

课前准备——四名学生就自我“身份”的设定进行资料搜集，重点理解，所设定的身份要符合当时的社会历史背景下的处境。尤其要深入了解国共两党的救国方案及具体主张。

课堂呈现——课堂上演绎“穿越时空的对话”，“主持人”以采访的形式采访不同阶级的人，这些人基于个人的处境考虑，最后都选择了中国共产党。

这样的形式展开的“纲要”教学，充满趣味性与亲和力，大大增强了学生主动探索的欲望，也能为相对古板了内容呈现出生动性。

其二，挖掘“纲要”课的“有理”与“有用”。

要想提升“纲要”课的亲和力，需要教师加强理论方面的能力，提高理论的解释力与说服力，通过缜密的逻辑，透彻的学理来影响学生。教师通过“纲要”课内容的呈现，促使学生了解历史的魅力，促进学生认识到“纲要”课的“有理”与“有用”。

1.“纲要”之理

“纲要”是对我国近现代发生的历史事件的真实、客观地记录，凝结着中华民族求独立和求发展的奋斗历程。在课堂上，教师要统筹历史发展的主线，把握历史事件及历史人物，加强对学生的人生观、世界观、方法论的影响。通过“纲要”使学生明白历史发展的轨迹以及事件的前因后果。“纲要之理”强调的是“纲要”课的真理所在，学生学到这些知识将内化为解决问题的原动力，指导现实生活。

2.“纲要”之用

大学生正处于三观形成与发展的关键阶段，其三观将影响大学生的一生，而大学生在形成三观的过程中，常常面临各种各样的困惑，通常可以在“纲要”中找到答案。教师在授课过程中，结合大学生当前的心理特征，有针对性地讲透马克思主义之“行”、中国共产党之“能”、中国特色社会主义之“好”等重大问题，促进学生清醒的思路的培养。同时，学生还可以从历史的教训、经验中吸取方法，指导自己的生活与学习。

其三，教材话语及教师话语的转换。

“纲要”所承担的是大学生思想政治教育的任务，促使学生了解中国近现代史的发展脉络，树立正确的三观。近年来，在中共中央及有关部门的要求下，高校思政课在教材话语上有了进一步改善，并且取得了一定的成绩。但在亲和力上还待进一步改进。

因为“纲要”在内的思想政治课的政治性较强，所以在教材的话语上偏重于用政治话语、文化话语的形式表述。有的教材有着“党员干部读本的味道”②。这样，教材的可读性就大大降低了。且教师在教材转化为教学的环节，仍然坚持政治话语，照本宣科的现象使得教学课堂枯燥乏味。“纲要”如果单纯为了叙述历史事件，很难引起学生的兴趣。

② 陈占安．改革开放以来高校思想政治理论课教材建设的回顾与展望 [J]. 思想理论教育导刊，2018（10）:8.

所以要想提高“纲要”课的亲和力，就要在教材话语与教师话语两方面努力，实现“纲要”课的政治性与学术性的统一。在教材语言表述上，要尽可能简洁明了，增强“纲要”的可读性。

2021 年版的 “中国近现代史纲要” 教村语言通俗易懂，如第一章章节改为“进入近代后中华民族的磨难与抗争”，并且在开篇这样写道：

在西方国家工业革命发生前，中国经济、科技、文化长期走在世界的第一方阵之中。近代以后，由于西方列强的入侵，由于封建统治的腐败，中国逐渐成为半殖民地半封建社会，山河破碎，生灵涂炭，中华民族遭受了前所未有的苦难。面对苦难，中国人民没有屈服，而是挺起脊梁、奋起抗争，以百折不挠的精神，进行了一场场气壮山河的斗争，谱写了一曲曲可歌可泣的史诗。③

这一段位于章节的开端，用蓝色字体标出，醒目且有说服力，可见“纲要”朝着可读性方向发展，通过感情的渲染，拉近了与学生的距离，产生了亲和力。

教师也要通过话语改进的方式，实现与学生之间的默契互动。基于“纲要”课的政治性与历史性，教师在教学过程中需要将客观的历史事件讲述给学生，其话语有了一定的限制。但学生作为有感情、有思想的人，需要转换教学模式。

一方面，教师要变“强势话语”为情感话语，改变上课的命令式、训导式话语，通过情感性语言将历史讲成兼具理性与情感的理论课。教师要使用有感染性的话语，向学生讲解民族独立与国家统一的艰难，引导学生树立建设社会主义现代化的奋斗精神，培养有情有义，有棱有角的时代新青年。

另一方面，教师要改进话语表达，实现语言表达的通俗性与生动性。“纲要”作为理论性强的学科，教师需要将看似枯燥无味，实则内涵丰富的历史话语转化成生动化言语表达出来。首先，要还原历史本身。中国近现代史纲要是中国革命、建设及改革的生动实践，它真真切切发生在民族之中，所以历史就在身边。其次，要贴近现实，讲通俗话。可以用生活中的通俗话语表述看似复杂的道理，如“枪杆子里面出政权”“撸起袖子加油干”“小康不小康，关键看老乡”，这些话语都是身边的通俗语，但通俗易懂，一下子就抓住了真理。这些话语值得高校教师借鉴，当然，需要教师仔细斟酌，选择最恰当的通俗表达方式。最后，要贴近学生，讲流行话。历史不等于古板，历史虽有严肃的一面，但亦有活泼的一面，在话语中多一些现代网络流行的热词，很快能提起学生的学习兴趣。

③ 《中国近现代史纲要》编写组．中国近现代史纲要 [M]. 北京：高等教育出版社 .2021:11.

其四，利用现代教学媒体连接课堂与课下教学。

无论课堂教学还是课下教学，需要教师与学生之间的互动，而利用现代教学媒体可以实现课堂教学与课下教学的合力。

现代媒体给“纲要”带来机遇的同时也带来了不小的挑战，一方面，现代媒体大大扩展了教学空间，教师与学生在这样的教学空间内，更容易借助现代媒体的技术手段实现教学内容的开展、教学的互动。可以说，现代媒体为“纲要”课的开展提供了资源。另一方面，现代媒体的泛娱乐性与舆论导向，涌现出多样化的思想与价值观，容易误导学生。这也为“纲要”课的开展带来了不小的难度。通过对教学载体的创新，可以有效提升“纲要”课的亲和力。

1. 通过教学载体的创新，创设多样化的课堂教学形式

“纲要”可以根据教学内容从不同的维度切入，通常采取专题式、互动式、提问式、探索式、研究式、辩论式的方式展开，也可以通过举办讲座、分组学习等教学形式，丰富学生的“学”法。对于教师而言，可以充分利用现代网络上的图片、视频、音频，向学生展示波澜壮阔的历史真相，增加学生的直观感觉。

2. 通过教学载体的创新，实现课下教学的现代化

现代媒体改变了大学生的生活方式、学习方式以及思维方式，网络成为大学生生活中不可缺少的一部分。教师可以利用网络教学完成课下教学，利用现代媒体进行教学资源的丰富，搭建现代教学平台，促进“纲要”课教学空间的拓展。现代媒体运用到“纲要”教学中，主要体现在以下几个途径：

（1）将教学进度、教学计划、教学案例、制定书目、小结测试等上传到互联网，实现与学生的共享；

（2）建立教学云空间供学生自主学习；

（3）建立课程联盟，使学生获得最新、优质的学习资源；

（4）通过社交平台，如微信、QQ、微博等，开展日常互动；

（5）引导学生自主查找资料，配合教学计划；

（6）引导学生进一步深化对“纲要”的认识，指导学生生活与学习。

现代媒体的运用，不仅给课堂教学带来了生机与活力，大大便利了教学，提高了教学效率。还大大拓展了课下教学，促进课堂教学与课下教学的有效衔接，也为“纲要”融入现实生活，指导学生带来了极大的可能。

第三节 线上线下混合式教学探索高效学习组织策略

线上线下混合型教学属于变革型的混合式教学，将在线学习与传统的课堂充分融合起来，实现了教学理念与课程设计的根本性改变，也使得教学实现了以教师为主导，学生为主体的根本性转变。

一、混合式教学

混合式教学是由美国学者玛格丽特·库尼等人提出的，时间为2000年，最初在学龄前领域中提出的。

（一）混合式教学的分期

国内外的混合式教学的发展概括起来，分为四个阶段（图4-8）：

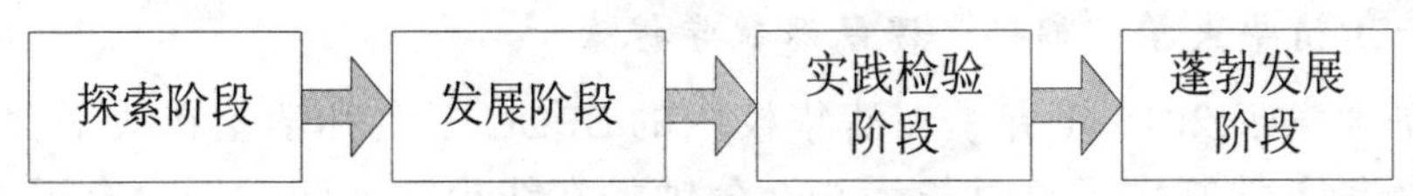

图4-8 混合式教学的分期

1. 探索阶段

时间2000—2002年，这一时期，在线学习与传统学习是相互独立的两个个体。

2. 发展阶段

时间2003—2007年，这一阶段是慕课的定义阶段，学者所认同的定义为：“混合式教学是将课堂学习体验和在线学习体验慎重地融合在一起的学习。”④对于国内来说，我国自2003年引入混合式学习，这一阶段国内对混合式学习偏于理论研究。

3. 实践检验阶段

时间2008—2011年，主要考察混合式教学的教学效果及影响力，考察对学生的自我效能感的激发。事实证明，教师与学生对混合式教学的满意度较高，受到教师与学生的热爱。

④ Garrison D R，Kanuka H. *Blended learning : Uncovering its transformative potential in higher education*[J]. *Internet and Higher Education*， 2004（2）:95-105.

4. 蓬勃发展阶段

时间2012年至今，2012年被称为慕课元年，所谓慕课，即MOOC（massive open online courses），其课程的特点是工具资源多元化、课程易于使用、课程受众面广、课程参与自主性。慕课的出现代表着网络开放平台的蓬勃发展，这些平台为混合式教学的推广与普及奠定了基础，在中国，慕课的使用者众多，许多人通过慕课获得了学习，大大拓展了学习的空间。同时，在“互联网+”时代，大数据、云计算等技术也大大提升了混合式教学的技术水准，使得混合式学习迎来了蓬勃发展的阶段。

二、“纲要”课慕课教学探索

慕课与其他的在线教育或网络教育最大的区别在于它能实现实时交互，并且能采集和分析大规模的数据。慕课的出现意义非凡，有的学者认为慕课是“大学的第三次革命”“印刷术发明以来教育最大的革新”，给予慕课以很高的评价。

（一）清华大学“纲要”课慕课教学探索

清华大学于2015年春季在清华校内的SPOC平台和学堂在线平台上先后上线，清华大学制作了总时长为960分钟的在线视频，两大平台有近6800名学生选课。这是一次全新的关于“纲要”课教学的教学探索，具有重要的意义。

清华大学的“纲要”慕课的开展有以下几大特征：

1.“纲要”慕课实施七大策略

在因材施教的教学理念下，“纲要”课主要实施了七个策略构建“纲要”慕课：

（1）编制新的大纲，围绕“四个选择”，突出“四大主题”；

（2）实施“六个一百”工程，即“一百本好书、一百篇好文、一百个问题、一百个课件、一百幅历史画像、一百段精彩历史纪录片剪辑”；

（3）编著《中国近现代史述要》；

（4）实施教师主导、学生主体、教师与学生双向互动的课堂教学模式；

（5）利用校内网络学堂进行互动；

（6）教学主张课内、课外两个课堂的结合；

（7）扩大平时成绩的比例，使平时成绩与期末成绩持平，各占50%。

“纲要”慕课不仅继承了传统课堂的经验，还发挥了慕课的优势，对传统课堂进行升级与创新，增强了学生的个性化、互动性的需求，为混合式教学改革提供了经验。

2.“纲要”慕课的线上教学

“纲要”慕课的线上课程在慕课基本技术的基础上，进一步丰富了“纲要”

课程的元素，加强师生间的互动，促进线上教学的展开。“纲要”慕课的线上教学有以下特点：

（1）教学视频

在打造“纲要”慕课过程中，教学视频坚持融时代性、科学性、学术性、趣味性为一体。

视频融入了图片、影音等，同时利用现代技术制作了动态的历史地图；涵盖着丰富的历史元素，内容上客观地叙述历史事件，通过一些文献还原历史真实面貌；此外，视频还有一些贴近当代大学生的教学案例来激发学生的学习兴趣，教师还在录视频时使用流行词，使得教学视频生动有趣味。

（2）问答环节

线上教学增加了问答环节，助教就章节的难点、重点提出疑问，专业教学解答，对近现代史领域产生了较大影响的观点与不良现象予以批评，并深入分析。

（3）设置讨论区，增强互动性

线上教学是超越空间、时间的教学，因此教师与学生的线上互动应该多提倡。设置讨论区，学生可以发帖或者在线咨询关于课程的相关问题，而教师或者助教回答问题，学生也可以参与到问题的讨论中，实现教师与学生、学生与学生之间的互动。

（4）及时更新学习材料及习题

在教学视频发布后，会上传相关的拓展阅读材料，包括一些书目、论文、报纸、PPT 等，供学生使用。此外还有习题，学生需要在规定的时间内完成习题并上传系统。待课程结束后会提取得分较高的习题成绩及阶段测试成绩，作为线上课程的最后成绩。

3.“纲要”慕课的线下教学

清华大学“纲要”慕课的线下教学分为小班主题讨论、名师辅学讲座两类，两类线下课程进行了以下教学（见图 4–9）。

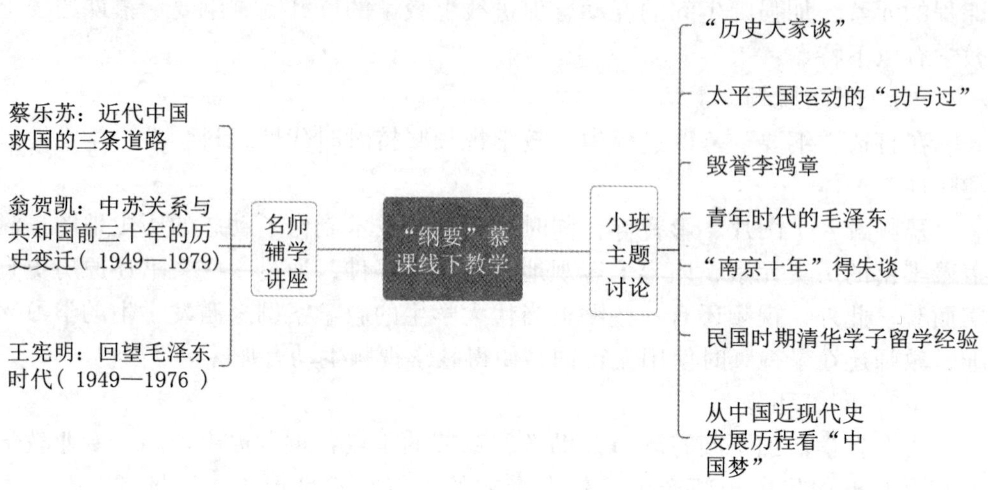

图 4-9 "纲要"慕课线下教学内容

尤其在小班主题讨论过程中，清华大学的"纲要"慕课团队进行了如下实践：

（1）主题的确定上，专家团队与一线教师结合当前理论发展前沿、学生的兴趣点、互动区域的问题，进行主题策划，帮助学生在兴趣的指导下进行自主学习，这样可以有利于对难点、热点的掌握。

（2）主题的发布中，通过学生的自主选择，组成学习兴趣小组，并积极参与发言。当然，任课老师与助教会提前整理主题的相关资料与PPT，这样可以确保主题课的顺利开展。

（3）主题的实施上，主要分为三个环节：助教发言、学生发言、自由讨论。助教发言主要为了引出主题，学生发言环节为展示搜集来的资料及制作的PPT，自由讨论环节是就展示的相关内容讨论所涉及的问题。通过小班主题讨论，学生锻炼了搜集资料的能力、演讲的能力、解决问题的能力，同时通过激烈的讨论，加深了对主题的认识，进一步实现了"帮助大学生提高运用科学的历史观和方法论分析历史问题的能力"的教学目标。⑤

可以说，清华大学"纲要"课慕课教学探索为"纲要"慕课的发展提供了参照，是拓展"纲要"课组织教学的一次有益尝试。

（二）思政课慕课的现代探索

上海市是第一批启动慕课建设的城市，2012年，上海市联合高校、技术单

⑤ 沙健孙．关于"中国近现代史纲要"教学的若干问题 [J]．中国高等教育，2007，（6）．

位、经费单位共同启动慕课建设。在2013年，北京大学、重庆大学、复旦大学、上海交通大学、中国人民大学、北京航空航天大学、华南理工大学、四川大学等共同发起建立了东西部高校课程联盟共享平台，涉及25个省，72个高校，其规模之宏大是不曾有的。东西部高校视频公开课共享平台将实现东西部高校优质教育资源的共享。面授直播和视频点播的教学模式，突破师资、时间、地域的限制，为学生提供更多更优质的教学资源。目前该共享平台已经推出进80门在线共享课程，其中复旦大学建设的“思想道德修养与法律基础”于2014年春季上线，采取了多维度的创新手段，值得“纲要”课慕课借鉴，其创新尝试具体表现为：

1. 采取两种选课形式

一种是将“思想道德修养与法律基础”课分成实体班与慕课班，学生可以根据自己的喜好选择喜欢的上课形式；一种是由学校的教育处直接变成慕课班，学生在完成课程任务，并通过后，将获得与实体班一样的学分认证。

2. 采取“视频+直播”的方式展开教学

所播放的视频是由若干教学内容组成的教学主题，每个主题的时间控制在15分钟左右，学生在听完一节内容后，闯关成功进入下一个主题的学习。视频播放的形式与传统的课堂教学涉及的环节类似，包括听讲、分享、问答、讨论、作业、考核及评价，一般课程的设置为36个学时。

直播课包括直播互动课及校内小组讨论课两种，共12个学时，直播互动课的规模较大，所开展的是跨校小课堂的直播互动，由复旦大学团队策划组织，一个班分5个组，每组配有1名助教、25名学生。校内小组讨论由学校思政教师组织，其讨论的是对问题的分析、探究及解决的方法。

3. “纲要”共享课程的管理

“纲要”课归在了马克思主义理论类，课程有课程介绍，还包括教学团队、课程设计、在线教程、课程资源、课程公告、互动问答、作业测试、考核标准、课程评审环节。以下列举由北京师范大学等跨校共建的“纲要”慕课（图4-10）。[⑥]

⑥ 中国近现代史纲要—智慧树网，https://coursehome.zhihuishu.com/courseHome/1000007062#review

图 4-10 大学中国近现代使纲要慕课主页

（1）教学团队

教学团队由课程负责人 / 学术总策划和团队教师组成，在主页中可以看到各教师所属的院校及主要的经历。

（2）课程设计

课程设计包括课程背景、课程目标、课程设计原则等内容。其中课程设计原则能突出课程的特色。在由北京师范大学等跨校共建的《中国近现代史纲要》慕课中其课程设计原则为：

• 坚持目标导向正确和重点突出原则；

• 以鲜活的历史题材、人物故事为主线，通过故事讲道理，通过案例讲原理，以点带面，说透说清；

• 史论结合，论从史出，将大众困惑的问题，通过论点、论证以说理的形式讲出来。

（3）在线教程

在线教程记录了课程的名称及主讲教师，一般主讲教师会分章或分节讲授“纲要”内容。

（4）课程资源

课程资源即为与课程相关的知识，设计学生选课方式、学习手册、导学视频，还有一些与课程内容相关的书目、论文及影视作品。这些内容由教师团队的老师自行上传。

（5）课程公告

该模块会发布一些课程公告，如通知学生重修等信息。

（6）互动问答

该模块是教师所出的一些基础性或者开放性的题目，基础性问题如如何认识近代中国的主要矛盾和历史任务，为什么说中国的抗日战争是神圣的民族解放战争；开放性的问题如中国封建社会为什么由昌盛到衰落，长征精神对我们每一个同学走好人生路有什么启示等。

（7）作业测试

一般会在每个单元结束之后进行单元测试，题量在 8—14 道，期末考试为 65 道，考试不合格进行补考。

（8）考核标准

考核包括平时成绩、章测试成绩、期末考试成绩，按照 5 ：1 ：4 的比例进行考核（图 4-11）。

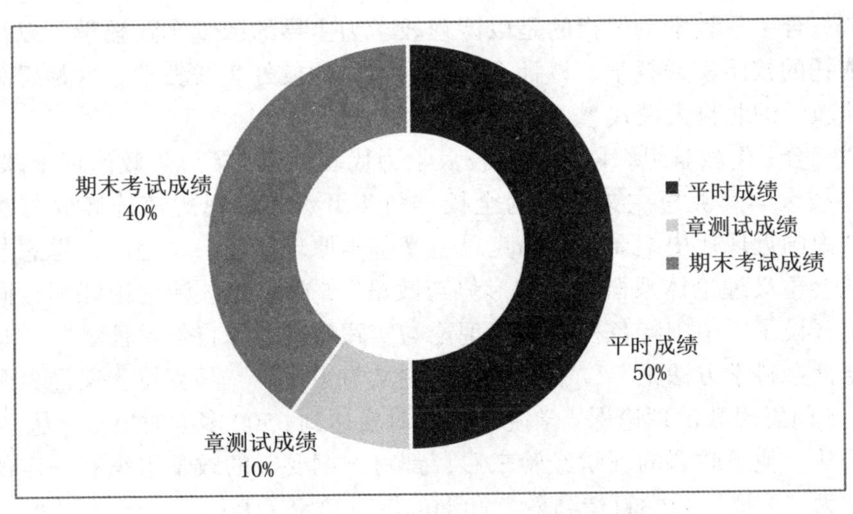

图 4-11 “纲要”课考核标准

平时成绩的计算为：平时成绩 = 学习进度分（15 分）+ 学习行为分（35 分）；

章节测试成绩按照一定比例折算，满分为 10 分；

期末考试成绩为：期末考试得分 = 期末考试实际得分 / 期末考试总分 * 权值。

（9）课程评审环节

记录了近三年各学期的学习人数、选课学校数、问答总数、测试与考试、课程的基本数据。

4. 与名师对话

选课的学生无论是线上还是线下都有机会与名师互动。特别在小课堂教学中，选课学生有机会与名师互动、交流，为学生解除疑问。学生在学习过程中也能领略名师风范，增加对“纲要”课的兴趣。

5. 课程组织形式

在平台上可以实现选课、考试、跟踪学习进度、班级管理、师生互动等环节，这一组织形式打破了传统的课堂教学形式，通过现代科技及线上课程理念的支撑，使得慕课的元素与传统课堂教学进行结合，通过创新教学组织形式来提升思政课的亲和力与影响力，大大扩展了“纲要”课教学的形式。

第四节 “三合一”教学组织打造高效“纲要”教学

“三合一”教学组织指的是以课程教学为主导的课堂实践教学、以社团活动为依托的校园实践教学、以社会实践为主体的校外实践教学。这是思想政治理论课教学的北科大模式⑦。

“三合一”教学组织以北京科技大学为代表，开展了思想政治理论课实践，北京科技大学马克思主义学院为全校本科生开设了“思想道德修养与法律基础”“中国近现代史纲要”“马克思主义基本原理概论”“毛泽东思想与中国特色社会主义理论体系概论”“形势与政策”5门思想政治理论课程；同时为研究生开设了“中国特色社会主义理论与实践研究”“自然辩证法”“马克思主义与社会科学方法论”“中国马克思主义与当代”“马克思主义经典著作选读”等5门思想政治理论课。学院年均课时量达到6500多学时。无论从“纲要”课还是从其他思政课的教学经验来看，都对“纲要”的教学组织有一定的借鉴意义，为“纲要”教学打造高效、和谐的课堂奠定了基础。

“三合一”教学组织的具体措施与办法表现为课堂实践、校园实践、校外实践三个方面。

⑦ 求是理论网调研组．讲台传真知 实践育英才——来自“走转改”一线的报告[J]．求是，2012，（第21期）．

一、课堂实践

（一）“纲要”课过程管理方案中的教学重点与教学难点

北京科技大学制定的“中国近现代史纲要”课程过程管理方案中，明确指出了“纲要”课的教学重点与教学难点。

1. 教学重点

（1）讲述两个历史主题：即1840年以来，中国人民如何前赴后继，求得民族独立和人民解放；如何艰辛求索，实现国家富强和人民共同富裕。

（2）达到两个深刻了解：即深刻了解近现代中国的国史与国情。

（3）领会三个必然选择：即历史和人民怎样最终选择了马克思主义，怎样选择了中国共产党，怎样选择了社会主义道路。

2. 教学难点

（1）近代中国半殖民地半封建社会的基本特征、两大历史任务及其相互关系。

（2）外国资本－帝国主义的侵略与近代中国社会发展的关系。

（3）近代中国革命与改良的关系，理解辛亥革命的发生是历史的必然。

（4）五四运动前后，中国的先进分子为什么选择和怎样选择了马克思主义？

（5）中国共产党的成立，是一个“开天辟地的大事变”，理解“没有共产党就没有新中国”。

（6）中国共产党探索和开辟中国革命道路的理论与实践。

（7）日本帝国主义的武装侵略为什么是必须和能够打败的？

（8）近代中国的三种建国方案、两个中国之命运的较量。

（9）了解新民主主义社会的特征，认识中国社会由新民主主义向社会主义转变是历史发展的必然。

教学难点与重点的确立，使得课堂教学实践围绕着教学难点与重点来展开，便于“纲要”问题的解决。

（二）课堂实践策略

针对以上教学重点与难点，制定以下课堂实践策略：

1. 以“纲要”课程的知识框架为基础，系统设计课程实践教学计划

围绕教学重点与难点，统筹“纲要”知识体系，建立合理的课堂实践教学计划。实践教学计划要结合学生的心理发展及认知水平，制定合理的教学进度，帮助学生在较短的时间内，把握教学重点与难点。

2. 践行“教师主导，学生主体”，推进课堂的互动与交流

在课堂实践教学中，教师在教学中充当着主导的作用，但关键在“导”，真正学习的主体是学生，学生应当自主选题、组织策划、解决问题、深度研究，教师在这四个环节中，帮助学生解决问题，逐渐将“纲要”课的内容内化于心。教师与学生需要在有限的课堂教学中，共同探索，解决问题，最终实现课堂实践的高效性。

3. 采用多样化方式，最大限度地激发学生的兴趣

北京科技大学在激发学生学习理论热情的过程中，尝试了多种方式，如通过专题的方式展开，即将教学内容划分为几个专题，学生就这几个专题认真学习与讨论，对一些感兴趣的专题还可以进一步挖掘其深度与广度，为课题做准备。在这一过程中，学生始终处于主体性地位，在教师的引导下，在兴趣的驱使下步步深入，使学生获得成就感；如课堂教学采取小组形式，通过小组分工，完成资料的搜集，通过组内讨论、碰撞思想形成结论，小组形式的展开需要全体学生的参与，保证每个学生能找到自我的闪光点；如在教学实践中采用开放的形式，即通过课下整理、课堂演示来获得知识。课下整理需要学生在课余时间充分准备，得出结论。课堂上可以采用辩论会、演讲、欣赏、情景再现等方式，大大提高了学生的主动性，同时也增添了课堂的趣味性。

如北京科技大学开展的“我身边的不文明”班会，学生自编自演，以情景剧的形式，将身边的不文明现象展现出来，并且还对具有代表性的不文明现象一一点评。学生也加入了讨论，表达自我看法或者补充说明。这种研究性与实践性相结合的教学方式，使得古板、说教的内容有了生机，也使学生成为课堂的主角，形成别开生面的教学组织模式。

4. 加强实践活动与研究学习的结合，拓展课堂教学的理论深度

大学生处在知识积累与知识转化的阶段，加强研究学习有助于知识的转化，促进新的知识的获得。

5. 善于抓重点、聚焦点、出亮点

围绕这三点，在课堂教学上有了实质性突破，实施实践教学迈向规范化程度高、实践性强的阶段。

首先，课堂教学与教材重点、难点结合起来。教师将教学内容分为若干个专题，特别是重点、难点的内容形成专题，进一步选出适合学生实践的主题。如“纲要”课教学中，主题的设定都要经过“纲要”教师的把关，待主题确定之后，学生就可以根据自我创新来发挥。尤其学生在完善主题内容的过程中，通过分工、多方查阅资料、内容设计、台词、着装、道具等环节，无形中加深

了对“纲要”课内容的认识。

其次，教学要善于与当今时代的热点、焦点等相结合。如举办的辩论赛，话题多来自当前社会生活中的热点，从热点问题出发，随着讨论的深入，强化了重点与难点的深度，加深对难点、重点的认识。

再次，课堂教学中，对于学生的出彩之处与教师的点评，有温度、有深度。

二、校园实践

（一）社团活动

校园实践主要通过社团活动来将理论学习和公益社团结合起来，在这当中，以促进学生成长成才为目的。北京科技大学的社团活动非常丰富，学生可以自由选择加入社团拓展自己的社交、能力、兴趣，特别是学会、读书会等理论性强的社团是学校重点支持的社团，利用社团可以活跃校园文化，促进学生的综合素质的提升。

（二）建立校园实践教学基地

通过深入挖掘校园内的各类资源，通过深入挖掘、资源整合，建设校园实践教学基地。可以在校园内建立校史展览馆、模拟法庭、资料借阅室、媒体中心、学生活动、宿舍休闲场所等，扩大校园实践教学的范围，实现校内资源尽可能为学生所用的目的。

（三）建立规范的管理制度

所构建的校园实践教学基地需要以管理制度作为依托，避免校园实践教学流于形式。校园实践教学项目要进一步明确主题，细化操作方案，主要包括：项目名称；人员确定；成员分工；成果形式；考核方式。

以上几个方面需要详细说明各项的具体情况，在人员管理上，纳入规范的考核与管理。

尤其是社团实践活动需要纳入整体的考核中时，各个课程应当有明确的规范与评分标准，这样才能实现校园教学实践的公平性。

三、校外实践

1. 延续主题、专题、课题模式，打造教育性与时代性

就思政课来说，其内容可以用鲜明的若干主题进行概括，主题之下可以延伸出若干个专题，而每个专题之下也可以产生更多的课题。从关系上看，主题、专题、课题是由理论转向实践的过程，同时也是不断细化的过程；从发展上看，

主题、专题、课题是由固定到灵活的转变，即主题一般为大的方向性的内容，而课题则细化为若干个点，这些点与当今时代的热点结合起来，拓展了主题、专题的内涵，实现了主题的时代性更新。

北京科技大学一般会根据每年国家发展的现状及时政热点，确立主题以及其下的若干专题。学生根据这些主题、专题设计实践课题。课题组引进七种社会实践形式增强学生的社会实践能力（图 4-12）。

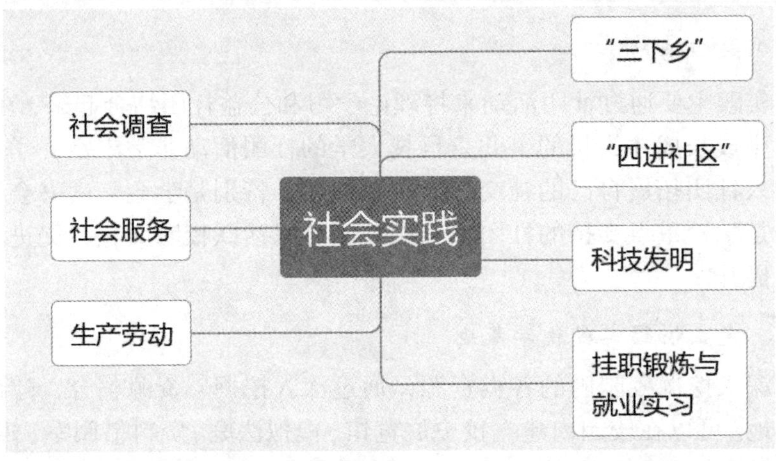

图 4-12　七种社会实践形式

随着社会实践活动的深入开展，近年来，北京科技大学在确定选题的时候，充分调动学生的积极性，开通专门的征集选题通道，之后将收集上来的选题由专家进行评定，形成社会实践项目库，大大丰富了社会实践选题。

2. 以团队为主，升级团队实践的实效性

课题组优先鼓励团队实践，将实践团队分为重点团队与一般团队，分别给予不同额度的经费支持。团队一般由 6—12 人组成，团队需要制订详细的实践计划，由一位教师做指导，经过课题组的审核之后进入实践环节。除了团队以外，个人实践作为社会实践的辅导来实施，同时也要制订实践计划，实施规范的项目管理。

3. 项目化管理

每年有四千余人参加社会实践，这些人组成数百支团队，规模较大。面对大规模的实践团队，课程组采取“依托网站、全程督导、五道防线”的管理方式，网站包括：课程网站、课程管理信息系统、大学生社会实践指导与管理平台等，依托这些网站平台，完成从项目申报到项目评选的全过程。大学生社会实践，其安全上值得特别关注，学校落实了五道防线，加强学生的安全教育，并为学生购买了人身保险，确保了学生的安全。

4. 培养学生的综合素质与综合能力

北京科技大学将“大学生社会实践”设置为大学生促进综合性实践教学的能力培养的课程，并组建校一级课程进行管理。在选题制定上倾向于制定综合性交往的参考选题，重在提升学生的综合素质与综合能力。

第五章 “纲要”教学手段的多媒体化探索

“纲要”教学内容需要通过教学媒体作为载体表现出来，是教师教与“学生学”的重要工具。教学媒体一定是以物质手段为基础。常见的教学媒体指书本、板书、投影仪、录像以及多媒体。教学媒体经历了语言媒体、文字媒体、印刷媒体、电子传播媒体四个阶段，今天的教学媒体主要依靠多媒体、网络平台、互动式平台等实现教学的现代化。

第一节 “纲要”使用教学媒体的原则

一、教学媒体的使用与普及

（一）教学媒体的定义及发展

所谓教学媒体，也称为教学手段，指的是教师教授教学内容及获得反馈的手段。教师在不同的阶段所使用的教学媒体（教学手段）有所区别，特别是在现代信息技术的影响下，教学媒体有了较大的变化。

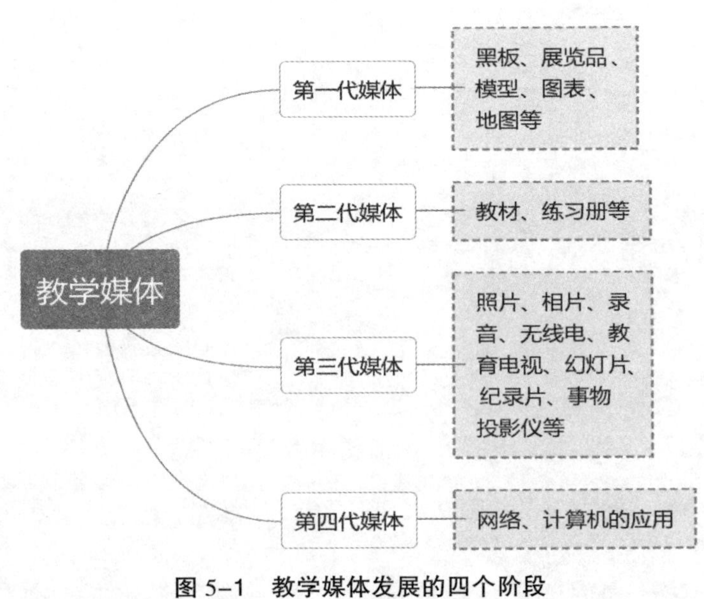

图 5-1 教学媒体发展的四个阶段

按照媒体出现的先后，教学媒体的发展经历了以下四个阶段，见图 5-1。

教学媒体在功能上呈现出不同的特征：

——模型、幻灯片、投影仪等可以将抽象的事物具体化、形象化；

——多媒体等可以生动再现事物原貌；

——照片、电影、录音等可以超越空间与时间，同时也突破了语言的界限；

——网络、计算机的应用，可以实现互动学习，满足学生多样化的个性需求。

在教学过程中，教学媒体的选择会根据教学目标、教学任务、教学内容、教学对象而选择，这些要素直接影响着教学媒体的使用。所以，教师应当充分了解教学媒体的性质及功能，根据教学实际情况创设教学情境，教学媒体进一步促进教学活动的顺利开展。

（二）教学媒体对人学习的影响

教育心理学的实验证明，人的感官接收的信息、运用的教学媒体及学习方式直接影响着人的学习效率（见图 5-2）。

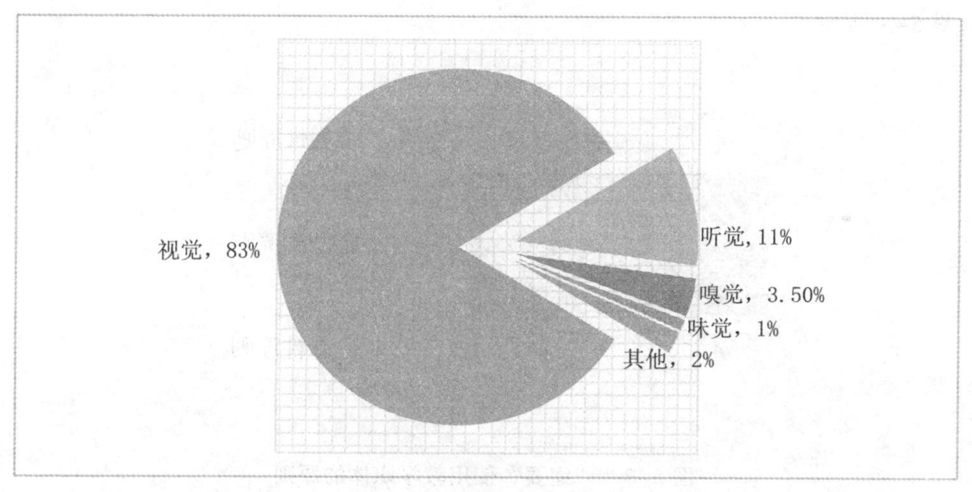

图 5-2 感官功能与学习比例

研究发现，观看视觉媒体时注意力集中比率为 81.7%，听觉媒体的集中比例是 54.6%；视觉媒体明显比听觉媒体的学习效果好。而采用视听并用的方式三小时后，记忆保持在 90%，三天后的记忆仍然保持在 75%。[⑧] 通过研究足以说明不同的学习方式所形成的记忆比率有较大的差异，采用视觉 + 听觉的方式，

⑧ 杨全德主编．现代教育技术教程 [M]. 郑州：河南人民出版社，2001：239.

可以是记忆的保持率维持在一个较高的水平。因此，高校教学媒体的大力普及，有利于学生学习效率的稳步提升。

随着现代教学媒体的发展，高校越来越重视媒体建设，各学科也在进行着不同形式的媒体尝试。当然教学媒体作为辅助教学顺利开展的工具具有积极的意义。但教学媒体本身是客观存在的教学辅助工具，并不能自动产生人们所期望的教学成果，还在于教师在教学过程中，善于运用教学媒体，使教学媒体在教师的灵活运用下，发挥其最大的效能。

习近平在全国高校思想政治工作会议上指出“要运用新媒体新技术使工作活起来，推动思想政治工作传统优势同信息技术高度融合，增强时代感和吸引力”。因此，“纲要”课的教学模式与教学手段需要与时俱进，积极探索“纲要”与现代教学媒体的深度融合。

二、“纲要”使用教学媒体的原则

“纲要”使用教学媒体时应当遵循实效性原则、辅助性原则、创新性原则，如图 5-3 所示。

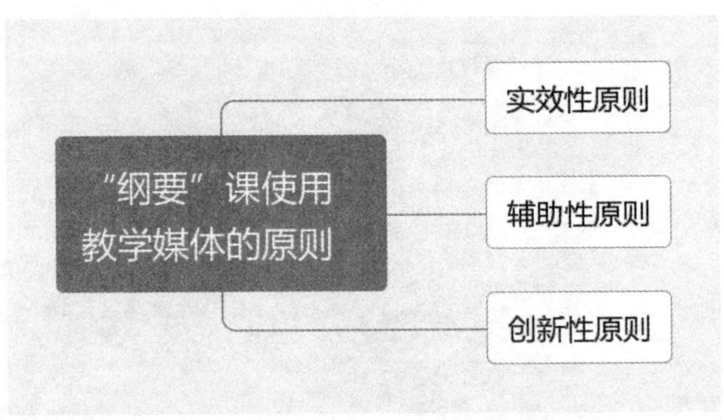

图 5-3 “纲要”使用教学媒体的原则

（一）实效性原则

思想政治课通过教学媒体的使用向大学生有效传递社会主义的政治思想与道德修养，并通过潜移默化的影响实现大学生思想政治觉悟的提高，一方面，内化为大学生的基本品质与思想意识；另一方面，外化为道德行为，促进大学生成为社会主义现代化的合格建设者。“纲要”作为高校思想政治理论课的重要课程之一，也在不断探索之中，在教学中利用教学媒体进行了一系列的探索，而实效性原则则是“纲要”使用教学媒体需要遵循的第一个基本原则。

1. 坚持实效性原则，应当高效完成教学任务

现代教学媒体的运用需要实现教学任务的完成，教学任务涵盖了教学活动需要掌握的基本知识点，还包括教学重点与教学难点。在选择教学媒体的时候，不仅仅为了吸引学生的眼球，更应该根据具体的教学内容选择合适的教学资源来深化教学内容的内涵。

有的教师在教学中，出现过度依赖教学媒体的现象，是需要改正的。需要明确的是教师要在教学活动中起主导作用，需要按照“纲要”课的教学规律来完善教学环节。另外，传统课堂的一些代表教学方法仍然不能丢，要采用传统教学方法与现代教学媒体相结合的方式，最终实现“纲要”教学任务的完成。

2. 坚持实效性原则，应当增强“纲要”课的吸引力

传统课堂教学存在单一性，教学媒体的运用一下子丰富了教学的手段，增强了“纲要”课的吸引力。“纲要”是对历史的再现，教师应当创设一定的教学情境，帮助学生通过视频、音频、图片以及有感染力的语言来还原历史事件与历史事实。学生在课堂上也能产生共鸣，加深对历史的了解，也就自然而然地掌握了相关的历史知识。

如在开展“中国共产党的成立及意义”的教学内容时，可以组织学生观看电影《1921》，了解一百年前中国共产党诞生的艰难历程。电影不仅有精彩的情节还有情感共鸣，学生能和电影中人物同喜同悲，感受当时革命先驱抛头颅、洒热血的义无反顾的精神，激发了学生的爱国之情。在纷繁复杂的剧情中了解中国共产党在相当危险的情况下成立的背景，认识到中国共产党的成立具有划时代的意义。历史需要还原，依据教学内容，还可以通过图片或视频的形式呈现当时的社会、生活场景，加深学生的记忆。

3. 坚持实效性原则，应当拓展“纲要”课的教学范围

通过现代媒体技术将有限的课堂教学拓展到无限的空间中，促进学生掌握知识。传统课堂上，由于教师与学生之间的信息不对等，教师在输出内容的过程中，学生如果不能集中精力认真听讲则会影响上课的效率，且传统课堂教学形式比较单一，所以也会影响教学的效率。而提高学生的学习效率的方式之一势可以运用现代媒体技术，将“纲要”课的范围进一步扩大。

采用网络教学平台，可以超越时间、空间的限制，满足学生自由支配时间，同时也有助于养成学生自主学习的能力。通过网络教学平台，扩展了教学的空间。

采用网络社交平台，可以增强教师与学生的互动，学生就历史方面的疑问向教师提问，教师可以在社交平台上直接回复学生，学生有其他想法也可以追

问，或者直接解答，大大拓展了问题的深度，促进学生朝着研究性学习方向发展。

采用手机应用程序，实现了移动学习。如可以建立本班的微信群或者QQ群，一方面学生可以直接在群里提问，由老师解答。另一方面，教师在想到好的想法或者看到对“纲要”教学有益的相关知识，也可以直接分享到群里供学生参考，这样不仅能提升“纲要”课的学习效率，还能增强师生间的关系。

通过现代媒体技术，大大拓展了“纲要”教学的范围，使得“纲要”朝着多元化、立体化的方向发展，实现了传统与现代的结合，也实现了“纲要”教学的动态学习，大大提高了“纲要”课的教学效率。

（二）辅助性原则

1. 对教学媒体的反思

教学媒体的产生对教学的影响巨大，但也存在着一些问题，需要进行反思。

首先，对教学媒体运用失当。

教学媒体在教学过程中起着辅助性的作用，但不是主导，教师才是教学的主导。目前，有的教师过分依赖教学媒体，造成教学内容过于分散，难以突出重点。只有教师充分发挥自我的教学能力，灵活运用教学媒体，教学媒体才能发挥其内在的作用。教师在教学过程中，不能将每一部分的教学内容做成多媒体课件，或者每一节课都要播放学生喜欢的视频、音频形式。

教学媒体不能替代讲授与板书。在现实的教学过程中，有的老师将教学内容全部放在教学课件里进行展示，其所有的教学过程都依赖于教学媒体，而“抛弃”了板书。传统的教学课堂上，关于知识的讲授、分析、论证、讨论、探讨等具有缜密性与逻辑性，这是现代教学媒体不可替代的。所以教师应当在教学中综合运用传统教学方法与现代教学媒体，发挥优势互补，达到理想的教学效果。

教学媒体不能成为凑“热闹”的课堂。教学媒体所带来的“炫酷”是传统课堂上没有的，但也不可滥用。有的教师为了突出新颖性，采用颜色、画面、字体的“炫酷”，外加动画、声音等，过多地分散了学生的注意力。教师应当将教学媒体作为自己传授知识的辅助工具，所运用的“炫酷”技能能给学生带来心灵上的震撼，这样，教学媒体才能发挥其应有的作用，而不是凑“热闹”的课堂秀。

其次，对教学媒体运用关系的偏差。

现代媒体教学不能完全否定传统媒体教学。如果教学内容不需要运用现代教学媒体，就没有必要消耗媒体资源。需要强调的是现代媒体资源与传统教学之间是一种相互补充、相互配合的关系，而不是“非此即彼”的关系。

教学过程是一个复杂的过程，需要教师充分了解教学内容，运用最恰当的教学方式来完成教学任务，在课上要将语言表达、情感共鸣、板书、教具、多媒体结合，才能发挥教学最大的效果。

教学媒体的内容与表现形式要实现有机统一。有的教师在教学中过分强调表现形式，导致找不到教学的重点与难点。所以教师需要遵循学生的认知规律，根据教学内容及学科特性来开发多样化的教学计划。

2. “纲要”要坚持教学媒体的辅助性原则

“纲要”课教学中，要强调“纲要”教师的主导性地位，通过教师这一“桥梁”将教学内容与教学媒体联系在一起。在运用教学媒体的过程中，处理好以下两种关系：

（1）教师与教学媒体之间的关系。

教学媒体虽然给教学带来了便利，拓展了教学的空间，但即使其作用巨大，也不能替代教师在教学中的主导地位。“纲要”课教师的教学设计、教师与学生之间的互动等，都是影响学习效果及学生的学习积极性的重要因素，这是教学媒体不能替代的。

“纲要”课教学过程中，教师需要发挥其主导作用，统领教师、学生、教学媒体这三者之间的关系，形成一个稳定的系统和结构，在以教师和学生为主的课堂教学中，通过巧妙利用现代媒体的优势来提高教学效率。具体来说，为了实现教师与学生的双边互动而使用教学媒体，通过教学媒体与其他教学手段，充分整合教学资源，优化教学资源配置，实现“纲要”课堂效率的提升。

（2）教学内容与教学媒体之间的关系。

教学媒体的使用促进教学内容在深度与广度上的延伸。从深度上看，教学媒体可以在课堂上的有限时间内，充分整合现有的研究，进行深度学习。通过由浅入深的学习过程，掌握“纲要”知识。从广度上说，教学媒体可以超越传统课堂，将“纲要”知识朝着更广的范围延伸。通过深度与广度的学习，实现了“纲要”知识的准确把握。教学媒体的运用一定要紧扣教学内容展开，同时教师也要发挥其主导性作用，与教学媒体结合开展教学。教师将教学内容通过教学媒体展现出来，兼具声音、画面、视频等形式，不仅提起了学生的兴趣，还大大拓展了“纲要”教学的教学空间。

运用现代媒体将教材内容转向教学实施方案，是当前“纲要”课教学的一项重要工作。其中运用教学媒体制作教学课件成为“纲要”课教学实施方案的重要内容。教学所用的 PPT 是对教材的凝练和再创造。在制作课件的时候，要遵循课件“源于教材，高于教材”的原则，在“纲要”原有框架的基础上，进一步综合教材，形成独特性或者专题化的教学内容。课件制作时要避免机械地搬运教材，其内容紧扣教材的同时，与学术前沿或者社会热点紧密结合，实现教材的拓展。

在转化过程中，教材的语言也可以适当创新，实现语言的多媒体化，通过一些图片、视频、音频、历史文献等资料，将“纲要”课本上的理论性较强的语言，转换为学生更容易接受的新媒体语言，通过媒体语言来创新教材语言。在转化时，教师要审慎语言，避免生拉硬扯，强行关联，而是要实现语言的思想性、科学性、艺术性、时代性的结合，使教材更贴近社会生活与学生的日常。

而针对“纲要”课目前的课时少、内容多的现状，在制作课件的时候要注重纲领的设计，在遵循体例及内容的基础上，形成十个独立的章节，每个章节由教学目的、教学重点、教学难点、主要内容、参考内容、拓展内容组成。在教学中，教师可以灵活切换主干内容与章节内容，实现其内在逻辑的统一，便于学生由面到线到点的学习，大大提高了“纲要”课的教学效率。

（三）创新性原则

创新性原则是“纲要”教学改革的需要。新一轮的“纲要”课的改革与现代信息技术、现代教学媒体的关系越来越密切。目前针对“纲要”课堂教学的相关教学媒体及技术手段也在加快研发当中，这些教学媒体及教学技术手段为“纲要”课教学注入了新鲜的血液。

坚持创新性原则，需要做到以下几点：

其一，课件制作过程中，要注重教师与学生的互动性，如在课堂导入、提问、小组讨论、辩论等过程中，加强教师与学生、学生与学生之间的交流，避免过多地依靠教学媒体，形成“人机对讲”的模式。

其二，积极发挥教师的主导性作用，以学生为主体，激发学生的学习主动性。同时，借助现代媒体，带给学生不同形式、不同维度，立体化、主观化的教学内容，不断丰富学生的感性认识与理性认识，进一步提升学生的探索精神与研究能力。

其三，以问题为导向，尽可能多地搜集学生容易遇到的问题。通过现代媒体在课堂上呈现，并以课堂提问、案例分析、热点讨论等形式，使学生在历史与现实间找到结合点；通过解决实际问题，找到历史的普遍规律；通过学习历史事实，指导现实生活。

其四，通过借助现代媒体，引导学生进行课下学习与研究，加深对“纲要”知识及历史规律的掌握。

在实践教学中，可以开展借助现代媒体的相关实践活动，如举行“重温红色经典电影”的活动。红色经典电影主要反映是中国共产党领导下的人民进行的民族独立革命及社会主义建设活动，是历史的生动再现。通过观看电影的方式来培养大学生的民族感情与爱国精神是积极的尝试。

在活动开展过程中，可以按照以下操作步骤进行。如图 5–4。

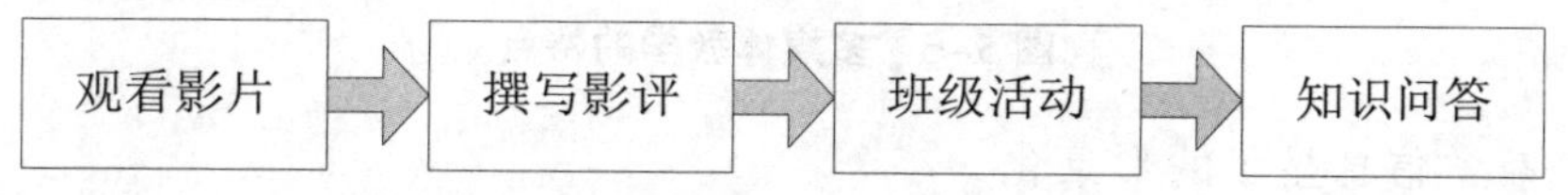

图 5–4 “重温红色经典电影”实践教学

观看影片：规定每个学生至少观看两部红色经典电影；

撰写影评：观看电影之后写观后感或者对电影里的事件或者人物展开评论；

班级活动：可以开展三种活动——其一，可以模仿红色电影的动作片段；其二，可以为电影的经典片段配音；其三，可以演唱电影的主题曲；

知识问答：根据影片的内容及涉及的历史事件、历史人物开展知识问答。

在“纲要”教学与现代媒体的结合中，利用现代媒体的优势，与大学生感兴趣的内容结合，就能推陈出新，找到“纲要”教学的新路径。

第二节 “纲要”课堂教学与多媒体

多媒体教学是“纲要”课堂使用最广泛的现代教学媒体形式，通过多媒体的运用，大大拓展了课堂教学的内容及表现形式，一些抽象性的理论也能通过视频、图像、声音等方式表现出来，这样大大改善了“纲要”教学的物质条件。

一、多媒体教学

关于多媒体教学的定义，指的是利用多媒体计算机，综合处理和控制符号、语言、文字、声音、图形、图像、影像等多种媒体信息，把多媒体的各个要素按教学要求进行有机组合，并通过屏幕或投影机显示出来，同时按需要加配声音，使学习者与计算机之间实现人机交流，最终完成教学或训练任务。多媒体教学的特点表现在六个方面，见图 5–5。

图 5-5　多媒体教学的特点

1. 教学信息显示的形象化

多媒体可以实现教学信息声情并茂的展现，通过视觉、听觉等形式，吸引学生的注意力，加深对内容的记忆，通过多媒体还能展示重点、要点，有利于教学目标的实现。

2. 教学信息组织的超文本化

为课堂教学提供多样化的教学方案，为学生提供多维度的认知途径，引导学生展开对教学内容的思考，大大拓展了教学空间。

3. 教学过程的交互性

多媒体可以提供交互功能，这是录像机、摄像机所具备的功能，通过与计算机的人机交互，可以形成丰富、友好的交互模式，调动学生的学习热情，提高课堂的教学效率。

4. 教学信息的大容量化

多媒体的存储明显优于其他教学资源，可以为教师及学生提供丰富的资料，大大便利了课程的学习，达到资料的快速提取和“为我所用”。同时，也培养了学生获取信息的能力，进一步培养探索信息、建构信息的能力。

5. 教学信息传输的网络化

借助网络空间，可以实现多媒体计算机网络、校园网络、计算机远程教育网络的学习，为学习者提供丰富的学习资料。

6. 教学信息处理的智能化

目前，教学信息处理的职能化程度较低，但取得了一定的成就，为现代教学提供了很大的便利，如阅读软件、自动批改作业等功能的开发，大大提升了教学效率。

二、“纲要”多媒体使用的优势

多媒体教学运用于“纲要”课教学具有以下几点优势：

（一）“一体化教材”增强了“纲要”教学的实效性

“纲要”通过多媒体的运用，升级成为集文字、图片、动画、声音、电视为一体的“一体化教材”，实现了抽象的教学语言转化为具体的形象语言，更容易激发学生的兴趣，另外，一些直观的图片、声音等使得学生有身临其境之感，学生在产生强烈的求知欲与共鸣的同时，加深了对历史知识的了解，也从历史事件或历史人物上得到了自我认知，大大提升“纲要”课堂效率。

（二）多媒体有利于将历史知识或理论由抽象化转为具体化

“纲要”课教学中，有一些难懂的概念，包括一些理论知识、重要论断、思潮等，这些知识是教学的难点，也可能是重点。学生对这些抽象的历史知识或理论的理解及记忆有一定的难度。 方面，历史知识或理论与现实生活联系不大，纯理论的东西理解起来较为困难；另一方面，学生对这些知识或理论虽然在短期内掌握了，但不易转化为长期记忆，这样很容易遗忘。多媒体的意义在于，能将抽象的历史知识或理论转变为具体化的呈现形式，与现实关照，在学生脑中形成关联，加深了学生对历史知识或理论的印象。当提到相关的理论或知识时，学生自然联想到相关的多媒体呈现，当知识保持一段时间后就形成了长期记忆，内化为学生知识体系的一部分。

（三）提升逻辑概括能力

逻辑概括能力是教师与学生的双向提升。多媒体是连接教师与教材、教师与学生的重要媒介，教师通过多媒体对教材内容进行呈现，所选取的内容围绕教学目标、教学任务展开，这里教师需要全面把握教材内容，根据学生认知特点与规律，通过多媒体将教学内容有重点、有特色地呈现出来，最终形成的是条理清晰、内容完整的多媒体教学内容。

学生通过多媒体进行学习，通过多样化的内容呈现方式，掌握教学的主要内容，还需要通过自我认知转化为自我知识体系的一部分，这里学生需要提升自我的逻辑概括能力，善于将丰富多彩的多媒体内容概括总结，实现“纲要”内容的掌握。

三、“纲要”体验式教学对多媒体的运用

体验式教学强调学生的主体性地位，围绕学生展开教学设计，学生在亲自

设计的体验教学中探索历史真理，发现历史规律，大大提升了学生的主动性。传统的“纲要”课教学中，学生对教学内容较为陌生，其“不在场”导致主动性减弱。体验式教学通过借助多媒体，实现了对历史的重现，使学生能在创设的情境中感受历史，获得对历史的感悟。

（一）历史情景剧中的多媒体运用

历史情景剧融入课堂教学可以将教学内容与学生情感关联，大大提升了“以史为鉴”的功用。当代大学生喜欢追剧，同时也会在看剧的时候表达自我想法，为历史剧的创作提供了很大的可能。教师可以选取恰当的内容安排学生排演。

在表演时，可以加入相关的图片、影视资源或者声音，渲染氛围，加深对历史教学内容的理解。如情景剧表演者在个人朗诵环节可以加入轻音乐，更容易表现情景剧魅力。

（二）红色歌曲、红色电影

在体验式教学过程中，还可以借助红色歌曲、红色电影来增强学生体验，提高教学效率。

红色歌曲是中国革命时期，广为传唱的进步歌曲，它所表达的是特定的历史时期人们的时代精神与历史面貌。如《没有共产党就没有新中国》，其原名为《没有共产党就没有中国》，毛泽东填了一个“新”字并做了小幅度改动，使得这首歌唱遍大江南北，并一直传唱至今。《东方红》是陕甘宁地区的民歌代表作，以淳朴的语言，唱出了人民群众对伟大领袖毛泽东及中国共产党的深情，歌词简单、情感真实，也为人们广为传唱。

红色电影主要弘扬中华民族的革命精神与英雄主义。无论是早期的《林海雪原》《烈火金刚》《红岩》《红色娘子军》《南征北战》，还是今天的《建国大业》《建党伟业》《辛亥革命》《1921》，都是弘扬红色精神的代表电影。“纲要”教学过程中，在讲到相关的内容时，可以用红色歌曲、红色电影充当辅助内容，加深对当时历史背景的了解，同时还能带动相关的情绪共鸣，达到良好的学习效果。

第三节　“纲要”自主学习与网络教学平台

随着互联网的普及，在教学领域也发展了网络教学平台，并成为学生自主学习的重要学习平台。所谓网络教学平台指的是利用互联网进行课程教学所建立的网络空间，在这一网络空间中，教师、学生通过网络平台实现在线教学与在线学习，并且借助网络教学平台还实现了教学、交流、评价等教学形式，是现代教学方式的典范。网络教学平台具有积极的作用，一方面，教师可以组织学生完成教学内容，另一方面，学生可以通过网络教学平台获得知识。

一、“纲要”网络教学平台及特点

网络教学平台的发展是随着现代互联网技术、数据库技术、信息技术的发展而升级发展的，在发展过程中，学生的参与程度越来越高，同时也对网络平台提出越来越高的要求。

（一）网络教学平台发展历程及主要类型

1. 网络教学平台发展历程

网络教学平台的发展历程经历了三代，见图 5–6。

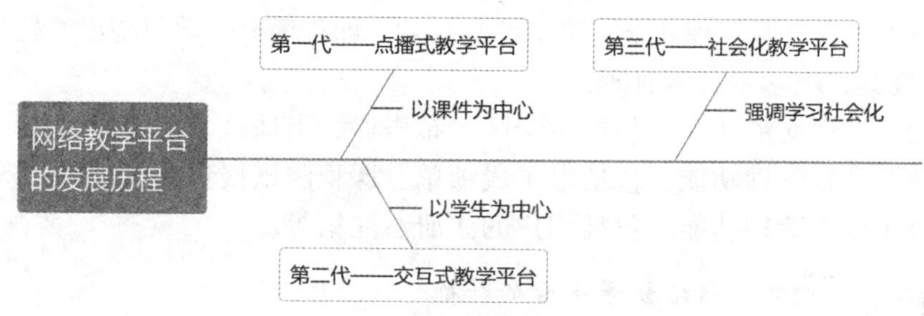

图 5–6 网络教学平台的发展历程

2. 网络教学平台的主要类型

当前，高校使用的网络教学平台主要分为四类，见表 5–1。

表 5–1 网络教学平台的分类

分类	代表平台
常用网络教学平台	MOODLE、Blackboard、IBM 协作教学平台、网梯远程教育平台、清华在线教育平台等网络教育平台
国内 MOOC	学堂在线、ewant 育网、MOOC 学院、中国大学 MOOC、超星 MOOC 等

续 表

分类	代表平台
门户网站	网易云课堂、有道精品课、网易公开课（App）、腾讯精品课、腾讯课堂、新浪公开课、超星学术视频、缘来知识视界、人人网开放课、搜狐公开课、Skype 教育频道、爱奇艺公开课、优酷教育、土豆开放课程、电驴公开课等
公开课、精品课程等免费资源	国家数字化学习资源中心、国家精品课程资源网、中国教育资源网、爱课程、职教公开课、高等职业教育资源中心、全国中职数字化学习资源平台、优课网、五分钟课程网、风风微课、微课网等

3. 网络教学平台的功能

网络教学平台具备四大基本功能：

（1）内容资源管理功能。包括课程模块、课程简介、学习指南、教学计划、题库、教案、教学素材等管理。

（2）在线交流功能。包括讨论区、布告栏、点播区、链接区等。

（3）考核管理功能。包括电子成绩单、课程测试报告、成绩中心等。

（4）用户管理功能。包括用户的注册、注销等。

（二）“纲要”网络教学平台的特征

网络教学平台其性质是作为“纲要”课堂教学的辅助性教学工具，是“纲要”课教学媒体功能的重要组成部分，其主要的特点包括以下几个方面：

1. 综合性强

“纲要”课网络教学平台一般建立在校园网基础上，在平台上综合了教务管理、校园卡、网上办公、邮件、图书馆资源等系统，形成了综合性的网络教学资源库。另外，教师基于教学的需要，也会上传教学资源，包括多媒体课件、校外资源链接等，大大丰富了平台内容，同时也营造了一个整合性强的网络资源平台，便于学生的学习。平台的构建符合当代大学生上网学习的需求，大大增强其兴趣，同时为学生解答疑问，解决问题提供了便利。

2. 时效性强

网络教学平台与课程网站相比，在更新内容上具有灵活性与实效性。“纲要”课的内容需要随着时间的推移不断更新。课程网站如果要更新内容，需要多个程序，步骤烦琐，费时费力。而教师在网络教学平台上只需要完成注册，就能将内容更新上去，且可以构建学科属性很强的“纲要”课。因为没有了技术要求和各种程序，节省了教师的时间。另外，网络教学平台还可以实时生成学生的学习报告，便于老师了解学生的学习情况，根据学习反馈，及时更新教学内容。

3. 互动性强

网络教学平台的互动性有效弥补了课堂教学互动不足的现状，通过师生间的互动，完成问题的解答。网络平台的互动有专门的板块，分为同步讨论区和异步答疑区。

同步讨论区，主要围绕教师精心提出的问题加以讨论，学生各抒己见，在相互交流与探讨过程中，消除疑问，解决问题。讨论区的问题不仅包括教师提出的问题，学生也可以自己提出。教师可以组织学生围绕提出的问题探讨，教师要充分倾听，及时回应学生的讨论，间歇性的提问推动讨论进一步深入。

异步答疑区包括 BBS（电子公告板）答疑讨论区、常见问题解答、自动答疑、邮件答疑等。主要通过发帖、回帖的方式进行讨论，网络教学平台会根据相关的关键字进行列表分类，方便查阅。

正是通过这两种形式，促进了师生间的交流，教师还可以链接一些有助于教学内容理解的相关知识，扩展教学领域，也实现了教学信息的再传递。

二、“纲要”网络教学平台的运用

积极运用网络教学平台，可以实现“纲要”课教学内容的网络化，将教学内容放在一个更广阔的空间中，拓展内容广度与深度，创新教学模式及方法。在实践过程中，开展“纲要”网络教学平台时要注意以下几点：

其一，平台要突出“纲要”课的政治教育与历史教育功能。

平台的构建要选取政治性、思想性、历史性强的内容填充网络教学平台，另外平台的构建以凸显中国社会历史发展脉络为主，对大学生的思想及行为起指导作用，推动大学生构建社会主义核心价值观体系，促进思想提升。通过政治教育功能的凸显，提升大学生的思想政治觉悟，指导大学生的日常生活及学习，为之后参与社会主义建设打基础；通过历史教育功能的凸显，培养学生知历史、懂历史、用历史的能力，还能从中培养民族精神及民族信仰。

其二，发挥网络教学平台的辅助作用。

“纲要”教学以课堂教学为主，网络教学平台可以作为学生学习的辅助平台加以利用。课堂上无法展开的资料，可以放在平台上学习；课堂上难以解决的问题可以放在平台上讨论。网络教学平台以其资源丰富、信息量大、互动性强等特点，拓展学生学习的广度与深度，对培养学生的自主性能力及进行探索式学习有一定的作用。

其三，要构建与时俱进的网络教学平台。

网络教学平台随着时代的变化也在不断更新，所构建的网络教学平台，需要不断创新内容及教学形式，构建与时代同频的网络教学平台，还可以在平台上分享时政、热点，帮助学生了解社会发展动向，培养其政治思想素养。教师尽量优化教学内容，利用现代媒体将一些难懂的理论以直观化的形式展现给学生，提升学生学习“纲要”的兴趣，加深对“纲要”知识的认识。

三、桂林电子科技大学的慕课平台

为了方便学生的线上学习，桂林电子科技大学开发了 SPOC 学校专有课程《中国近现代史纲要》，如图 5–7。其主旨与其他的线上历史“纲要”不同，并不是系统讲授教材内容，而是在课堂讲授的基础上，对于相关重点、难点内容进行扩展，重在启发学生思考与展开讨论。

图 5–7　桂林电子科技大学网络教学平台

（一）“纲要”开发课程的特征

所开发的课程具有以下几个特征：

课程绝非可以取代课堂讲授，而是作为课堂讲授的有益补充；

课程内容绝非是对于课本内容的简单诠释，而是对于相关知识点的拓展和延伸；

课程讲授内容精炼、时间短暂，其目的不在于知识点的灌输，而在于引起学生讨论的兴趣和给予学生进一步思考的空间。

本课程以在线教学讲授为主，在讲授过程中力求关注研究前沿，融时代性、科学性和学术性于一体，培养学生所应具备的历史意识和时代意识。本课程力图通过在线讨论与问答、课堂小组辩论、线下阅读与社会实践相结合等形式，实现线上教学与课堂教学的深度融合，帮助学生更为深入地了解国史、国情，更为深入地了解历史和人民是怎样选择了马克思主义，选择了中国共产党，选择了社会主义道路，选择了改革开放。

（二）成绩要求

按百分制计分，60 ~ 84 分为合格，85 ~ 100 分为优秀。

（1）单元测验占 20%、讨论占 30%、期末考试占 50%。

（2）积极参与课程的各项讨论，注重参与质量，对课程有特殊贡献的学生，可以获得 5 ~ 10 分的加分。

（三）课程大纲

课程开课为 2021 年 10 月 20 日会 –2022 年 1 月 10 日，课程安排为 3—5 小时每周。课程参照《中国近现代史纲要》（2021 版），所制定的课程大纲为：

第五章　中国革命的新道路

5.1 飞夺泸定桥真伪的闹剧：历史虚无主义的危害及批判

5.2 电影《血战湘江》

5.3 百色起义精神的丰富内涵及时代价值

5.4 伟大转折的开端：湘江战役的历史意义新解

5.5 胸怀大局、心有大我——新圩阻击战

5.6 追忆血色湘江 赓续红色精神——聚焦脚山铺阻击战

5.7 筑牢信念 薪火相传 ——光华铺战役：誓死保卫党中央

5.8 抢渡湘江！前进！

第六章　中华民族的抗日战争

6.3 抗战期间中国高等教育史上的奇迹——国立西南联合大学

6.2 纪录片《冲天》

6.1 纪录片《百年中国·烽火敌后》

6.2 桂林抗日烽火的“灯塔”——八路军桂林办事处

6.3 西南剧展：中国共产党领导的桂林抗战文化的奇迹

第七章　为新中国而奋斗

7.1 重庆谈判

7.2 统一战线与多党合作的里程碑——1948 年的“五一口号”

第八章　社会主义基本制度在中国的确立

8.1 观看电影《建国大业》

8.2 纪录片《中国农村的赤脚医生》

第九章　社会主义建设在探索中曲折发展

9.1 磐石现裂痕：“大跃进”浪潮中中苏关系的破裂

9.2 小球转动大球：困境中乒乓球开创中国外交新局面

第十章　中国特色社会主义的开创与接续发展

10.1 百年雪耻——香港问题的最终解决

10.2 邓小平 1992 年《在武昌、深圳、珠海、上海等地的谈话要点》

第四节　“纲要”互动式平台的运用

总结当前的“纲要”教学互动平台的运用，可以归纳为网络社交平台及手机 APP 两种。

一、“纲要”教学网络社交平台

所谓网络社交平台，指的是能支持两个或者两个以上的用户之间的语音、视频、图片、文字等，可以实现即时交流的平台，常见的网络社交平台有微信、微博、QQ、博客、抖音、快手等，都是大学生使用频繁的网络社交平台。

（一）“纲要”教学网络社交平台的作用

“纲要”教学通过网络社交平台对增强师生互动，拓展“纲要”教学领域有积极的作用，主要表现在以下几个方面：

1. 宣传大学生思想政治教育，增强“纲要”教学时效性

传统的课堂教学以知识灌输为主，其互动性较少。使用网络社交平台创新了教学的手段，有了以下突破：

（1）内容上，根据学生的思想变化及实际需求进行教学，加大了“纲要”教学的灵活度；

（2）形式上，打破了传统课堂教学，以一种开放、多维的方式拉近了教师与学生之间的关系；

（3）态度上，凸显出学生的主体地位，增强学生学习的自主性，教师与学生能在一个民主、平等的环境中，构建良好的师生关系。

教师与学生可以就社会的热点进行讨论，对最新的消息剖析，教师适当给以指导，使学生沿着正确的政治思想方向发展，这样大大增强了“纲要”课的政治思想属性，也能建构时效性强的“纲要”教学体系。

2. 解决现实问题，增强“纲要”教学的针对性

网络社交平台还是教师了解学生，学生了解教师的重要平台。“纲要”教学的最终目的需要通过实践的形式检验大学生的政治思想，所以要加强对学生的了解，这样才能掌握学生的心理，有的放矢，提高“纲要”教学效率。由于课堂教学的时间有限，难以展开深入交流，因此教师对学生，学生对教师未能深入了解，故而出现教师不了解学生，学生不在意教师的现状。在网络社交平台背景下，“纲要”课教师完全可以运用现代新媒体技术，充分了解大学生心理与喜爱，及时掌握学生学习进度；对于学生来说，与教师的互动中也能被其人格魅力吸引，主动配合教师教学，提升“纲要”教学的效率。

3. 通过拓展“纲要”教学的空间，提升了“纲要”的现实影响力

与课堂教学相比，网络社交媒体环境下的“纲要”教学呈现出立体化与多元化，表现为通过网络社交媒体可以关联到更广泛的社会成员、社会团体或者社会组织，将人与世界、人与人、人与事物、事物与事物之间进行广泛关联。在这样的环境下，教师应当利用各种媒体与大学生进行广泛交流，扩大“纲要”在现实中的影响力。

此外，“纲要”还可以在网络社交媒体的基础上拓展新的教学阵地。可以运用现代新媒体技术，搭建创新交流平台，继续拓展交流互动的范围及程度，在拓展的过程中，注意要贴合大学生的心理及习惯，开发出适合大学生学习与交流的平台，为“纲要”教学的创新奠定基础。

（二）网络社交软件的特性

日常生活中，常见的网络社交软件有微信、QQ、微博、博客，除了这些之外，现代的抖音、快手也成为流行的网络社交软件。不同的社交软件之间有着不同的特点，见表5–2。

表 5-2　网络社交软件的特性

网络社交软件	主要特点
微信	目前用户最多的网络社交软件，微信拥有多种功能，能实时建群，形成讨论组，快速形成问题解决方案
QQ	QQ 同微信一样，具备聊天、视频、共享等功能，通过 QQ 群、QQ 空间构建学习、交流、讨论的平台
微博	微博的特点是简短、实时、快速、广泛，以一种受年轻人喜欢的方式展现，方便信息的传播
博客	博客里的文章篇幅一般较长，可以对“纲要”内容深入叙述，所发布的内容有针对性，可以表达个人喜好，兼具个性化。其最大的特色在于将个人主页中的个性特征与平台的分享性、公共性结合起来
抖音、快手	突出内容的个性，具备直播功能，具备互动性强、实时发布、传播速度快等特点

（三）“纲要”网络社交平台的运用

“纲要”教学使用网络社交平台时应当从以下几个方面入手：

1. 转变传统的教学理念

网络社交平台打破了课堂教学的时空限制，创新了教学方式，大大丰富了教学内容，同时网络社交平台的现代性，也大大提升了“纲要”的教学手段，学生在宽松的环境中能激发学习的热情。借助网络社交平台可以开展互动式教学、研究性教学，同时也可以通过网络社交平台传播政治思想，引导大学生自觉规范自我行为。

2. 注重引导性

网络社交平台具有两面性，一方面，它为“纲要”课教学提供了广阔的平台，拓展了“纲要”教学的范围；另一方面，在平台内也充斥着大量虚假的、负能量的信息，大学生由于生活阅历及生活经验的缺乏，很容易走向极端。所以，在“纲要”教学过程中，要积极引导学生自觉抵制不良信息，时刻保持警惕，引导大学生选择正向价值观、教育性强、积极向上的教学内容，为大学生养成正确的价值观与世界观。在讨论社会上的热点及敏感问题时，教师应当引导学生积极思考、谨言慎行，运用理性的思维、科学的方式进行分析。

因为处在大的网络环境当中，教师还需要引导学生加强网络法制教育与道德教育，自觉规范言行，维护网络安全，保障教学在良性的空间中健康、有序地发展。

3. 利用互动性

网络社交平台为师生交流提供了很大的便利性，在平台上，师生之间实现了平等交流的机会。教师与学生都应当抓住这一有利条件，教师可以在交流、互动中了解学生的知识掌握情况、学习进度，同时也能了解学生的心理特征、兴趣爱好等；学生也可以及时反馈问题，与教师就疑问点对点及时交流。在深度学习过程中遇到的问题也可以请教老师，可以就研究情况与老师展开深入探索，从老师那里获得有益指导。

二、“纲要”教学手机APP

手机APP的应用是“纲要”教学拓展教学范围的另一种尝试，在移动互联时代的背景下，智能手机成为大学生接收信息的重要渠道，所以“纲要”教学与手机APP的结合成为时代发展的必然趋势。

（一）手机APP与“纲要”教学结合的可能性

手机APP的应用借助手机作为传播媒介，解决了当前教学中的一些棘手问题，如互动问题、出勤情况、兴趣问题、考核问题等，手机APP的使用可以很好地吸引学生的注意力，并且还有以下优点：

其一，解决签到问题。

在手机APP中有签到功能，学生只要点击签到就能上传数据库，解决了出勤的统计，节约了时间。

其二，数据统计功能。

在手机APP中还有数据统计功能，可以统计学生回答问题和提问次数，便于教师提取数据进行考核，促进考核的客观与公正。

其三，获取教学资源。

手机APP中有大量的文字、图片、视频、动画等功能，教师在授课过程中，可以灵活运用这些数字资源，大大提升了教学效率，同时学生也可以在手机APP上完成各种文献资料的搜集、完成作业等。

其四，教学反馈与学习反馈。

对于教师来讲，可以利用手机APP统一批阅作业，及时了解学生掌握知识的情况，打破了时空局限。学生在学完一节课之后，及时做题巩固，增加了学生学习的成就感，大大提升了教学的时效性。

（二）“纲要”手机APP的形式——智慧课堂

智慧课堂是通过手机APP构建的现代教学课堂，所依托的是一款可以同时应用于电脑端和手机端的教学软件，其运作原理是借助互联网技术、大数据技术，促进教师与学生、学生与学生之间的互动，最终完成教学任务的过程。智慧课堂架构起智能终端与计算机之间的联系，为构建高效课堂提供了条件，是现代教学的一大发展趋势。

智慧课堂更加高效，智慧课堂贯穿于整个教学之中，大大节约了教师与学生的时间，也提升了双向的互动。其教学原理见图5-8。

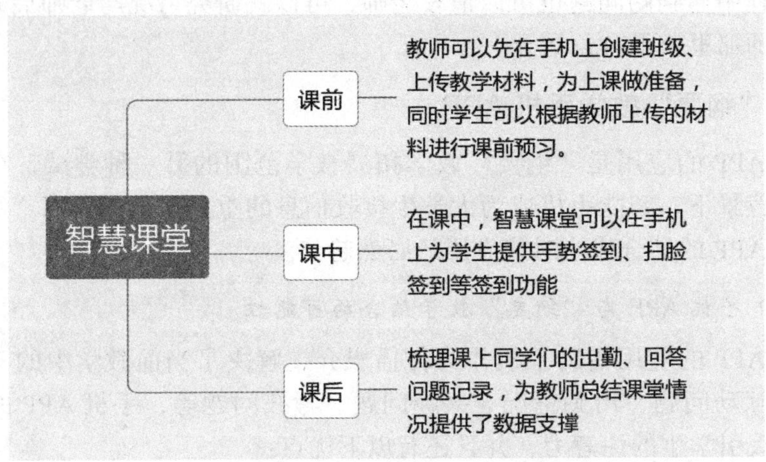

图5-8　智慧课堂教学原理

在教学中，智慧课堂还有一些辅助功能，如实时问答、快速抢答、击鼓传花等形式，激发了学生的积极性，积极参与到互动中去，能够促进教学进度，提高了“纲要”教学效率。

（三）“纲要”手机APP的运用

手机APP同样作为“纲要”教学的辅助性原则存在，通过拓展“纲要”教学形式，来探索“纲要”教学新模式。在运用时应当坚持以下几大原则：

1. 树立网络思维

网络思维与课堂教学思维截然不同，在网络空间中教学，其灵活性大大增强，教师需具备掌控教学全局的能力，熟悉软件内的各种功能，并在恰当节点使用，激发学生的学习兴趣，促进教学效率的提升。网络思维的树立，需要探索开放性的教学形式，结合现代学生心理，创设现代性的教学模式。

2. 技术与内容的深度融合

现代媒体技术与内容需要进行融合，在融合的基础上拓展深度。一方面，“纲要”教学内容通过运用媒体技术，更好地呈现给学生；另一方面，媒体技术通过多领域的拓展，促进其功能的拓展与性能的提升。可以说技术与内容是相生相伴，相互成就的关系。在“纲要”教学过程中，教师可以运用技术来带动学生的兴趣，满足学生个性化的需求，无形中将“纲要”的核心内容与重点内容教给学生。

3. 注重实效性

在追求技术新颖性的同时，需要把握实效性，通过实效性来实现“纲要”教学的目的。有的教师在教学中，为了突出技术上的新颖性而刻意使用拓展功能，造成抓不到教学重点的误区，所以技术支持只能作为创新教育内容及手段的辅助性工具，不能主导教学发展。教师在教学中，仍然要以把握历史主线、阐述历史事实、讲清历史重点与难点为重心，切记不可盲目乱用技术，而要处理好两者之间的关系，有目的、有步骤地推动教学环境的构建，稳步提升教学效率。

第六章　“纲要”教学资源的地方实践性教学探索

教学资源是为了促进教学有效开展而利用的各种手段，不仅包括教材、案例、影视、课件等，也包括资源、教具、基础设施等。地方实践性历史资源是“纲要”教学资源的重要资源，和有力补充，通过地方实践性历史资源的使用，拓展了纲要教学的内容，还提升了学生的兴趣，为大学生走向研究性学习奠定了基础。

第一节　地方实践性教学资源相关概念

一、地方实践性教学资源定义

所谓地方实践性教学资源，也叫作实践性乡土历史资源，其定义及呈现方式，目前学界有三种说法：

1. 从课程资源层面分析

该观点认为地方实践性教学资源包括两个层面：首先，从高校所在的区域来看，指的是高校区域范围内可以运用于思想政治范畴教学的历史文化资源；其次，从学生个体的经验来看，指学生土生土长的环境下获得的无形的历史文化资源，也包括通过一定的实践获得层次更深的历史文化资源。⑨

持这种观点的学者依据课程资源的维度，分成了以下类型：

（1）近代、现代历史遗址、遗迹；

（2）博物馆、纪念馆；

⑨　刘进．地域历史文化在《中国近现代史纲要》中的价值与运用，思想教育研究 [J].2008（10）:73–75.

（3）档案馆；

（4）图书馆的地方历史文。；

2. 从地域维度展开

该观点认为地方实践性教学资源是在一定的区域内因历史文化积淀所形成的资源形式，包括物质、制度、思想文化这三个维度。有的观点将历史文化资源称为“乡土资源”，在论述中也以地域的角度切入。

3. 从国家主体历史对应的角度展开

该观点认为地方实践性教学资源是在一个特定地区内的历史资源，与世界历史、国家历史相比，乡土历史资源的范围较小。它是在特定的文化环境或区域内存在的历史资源，是当地人在长期固定地域内生活的总结和积淀，乡土历史资源的种类很多，一切与历史事件或者人物相关的历史资源都可以称之为实践性乡土资源，其分类见表 6–1。

表 6–1 地方实践性教学资源的分类

教学资源分类	教学资源
历史事件或历史人物的发生地	历史遗迹、遗址、博物馆、纪念馆、档案馆以及蕴藏丰富历史内容的人文景观和自然景观
人力资源	历史见证人、历史学者、历史教育者、阅历丰富的长者
家族、家谱	包括家族里不同时期的照片、图片、物证等
文化现象	当地民间流行的音乐、舞蹈、故事、传说、工艺、服饰、习惯等，体现了社会的变迁

二、地方实践性教学资源的特点及教学方式

（一）地方实践性教学资源的特点

1. 直观性、生动性

这些教学资源是日常生活中存在的，能客观地反映历史事实的资源，能作为教学题材直接使用，因此，这些教学资源具有直观性、生动性的特点。

2. 普遍性

这些教学资源分布的范围广泛，具有良好的群众基础，贴近日常生活，因此具有普遍性的特点。

3. 可信度高

这些教学资源虽然与世界历史、国家历史相比其范围较小，但是是历史上真实发生的，抑或是经过长期历史发展积累下来的，其可信度较高。

4. 乡土情感维系

这些教学资源带有浓郁的乡土情感，因为是土生土长的地方，学生在学习过程中会对生活的特定地区产生自豪的乡土情感。

（二）地方实践性教学资源的主要教学方式

关于地方实践性教学资源的教学方式，归纳起来有以下三个方面的内容：

1. 穿插式

在教学过程中，讲到历史事件或者历史人物时，可以将地方史或者地方实践性教学资源穿插进去，帮助学生细化这一阶段的历史知识，以全面把握事件的来龙去脉。

2. 专题式

有些地区的历史文化丰富，这时可以专门开设乡土历史的专题讲座，深入研究该地历史及文化，进而了解该地所发生的历史事件或者历史人物在中国近现代史的地位及影响。

3. 拓展式

通过开展历史课外活动的形式，进行乡土历史教学，拓展教学的范围，创新教学方式。

三、地方实践性历史资源教学开发的现状

地方实践性历史资源运用于教学最早可以追溯到1903年的新学制改革中，其中的教学大纲和学堂章程就将地方的历史资源作为教学的一部分展开。中华人民共和国成立之后，明确规定了各省、市、自治区可以自己编纂地方历史教材，作为历史教学的补充资源，这也从侧面促进了地方史教学由模糊性走向规范性。

虽然地方历史资源的教学开发有了一定的成果，但在教学开发和利用过程中，还存在着不少问题。

首先，对地方历史资源的开发存在一定的偏差，有的人认为开发地方历史资源从本质上说就是介绍地方的地理位置、风土人情，具有科普的性质。

其次，偏重于地方历史知识，弱化了学生的应用及情感体验。

再次，开发的主体的偏离。在开发过程中，本来学生应当是地方历史资源开发的主体，但现实中是教师或专家掌握了更多的主动权。

最后，历史资源开发与实践教学相脱节。这样导致地方历史资源的地域特

征被弱化，也使得实践教学活动失去了应有的活力。

第二节　地方实践性历史资源对“纲要”教学的价值

一、地方实践性历史资源在“纲要”教学运用的必要性

1.“纲要”教学需要爱国主义及政治思想教育

地方实践性历史资源是爱国主义教育以及高校政治思想教育的重要组成部分。1994 年，中央宣传部颁布了《爱国主义教育实施“纲要”》，其中明确指出了“爱国主义教育的素材非常广泛。从历史到现实，从物质文明到精神文明，从自然风光到物产资源，社会生活的各个领域都蕴藏着极为丰富的进行爱国主义教育的瑰宝。要善于运用国情资料，并注意挖掘和利用各种宝贵的教育资源，不断丰富爱国主义教育的内容。国情教育要同省情、市情、县情的教育结合进行”，省情、市情、县情与“纲要”的结合正是体现了地方实践性历史资源的开发。

2.“纲要”教学需要微观补充

统观“纲要”内容，主要介绍的是中国近现代的大事件，是从宏观角度来关照历史，加上目前“纲要”课的课时较少，造成历史无法延伸。但中国是一个地域广阔、民族众多的国家，每个地域有着自身的特点，且每个地域也发生了许多可歌可泣的动人故事，这些故事需要补充与说明。

“纲要”课本注重对历史的客观叙述，因此其历史性、政治性的色彩浓重，而不易与学生产生关联。地方实践性历史资源可以打破历史与学生的界限，通过了解地方历史，积极实践，实现了对历史事件的深层了解，也增加了“纲要”的可感性。

3.“纲要”教学需要开展实践教学

按照马克思关于认识论的观点来看，人是认识的主体，人的个性需要充分自由发展。在“纲要”教学中，学生是认识的主体，所以学生需要运用所学，发挥主观能动性，完成“纲要”课的学习与实践。所以教师在开展教学的过程中，不能忽视学生的自主性，要始终引导学生去探索、发现，提升学生的能力。

“纲要”教学中，要引导学生挖掘地方实践性历史资源。一方面，学生对所生活的环境熟悉，因此对历史资源也有一定的亲切感，能快速融入；另一方面，一主一辅的历史脉络能使学生在实践中印证历史反映的客观规律，也提升了学

生理论联系实际的能力。

地方实践性历史资源应用于“纲要”教学，还有助于提升学生的人文素养。“纲要”教学不仅帮助学生了解历史知识，还能提升大学生的思想政治水平及人文精神。思想政治水平的提升及人文精神的培养并非一蹴而就，而是在不断地摸索中去感受历史和领悟历史，最终获得情感上的共鸣。感受地方实践性历史资源就是获得情感共鸣的重要途径，学生可以通过课堂教学拓展自己的历史积淀，通过课外实践来拓展历史的宽度和厚度。学生可以利用节假日，收集历史文献、历史资料，在搜集的过程中，去体验历史的厚重感，树立正确的人生观、价值观及世界观，提升学生的人文素养。

4.“纲要”教学需要凸显多样化

地方实践性历史资源可以拓展教育方式的形式，促进教育方式的多样化。当前的“纲要”教学存在着形式单一、内容单调的状态，在教学中适当穿插进一些地方实践性历史知识，帮助学生打开历史视野，同时也能改变课堂单一的教学模式，形成多样化的教育方式。每一个地方都有著名的事件、历史名人，通过收集一些历史故事来作为课堂内容展示，一方面增加了学生学习“纲要”的兴趣，另一方面也促进这些文化的发展，甚至有一些历史实践性资源属于非物质文化遗产，其挖掘有利于非物质文化遗产在今天的保护与利用。

此外，“纲要”教学需要契合大学生的心理特征。大学生正处于“指点江山、激昂文字”的阶段，所以“纲要”课的情感融入非常重要，通过地方实践性历史资源还可以增加“纲要”课的趣味性，也为提升“纲要”教学效率提供了可能。

二、地方实践性历史资源在“纲要”教学运用中的重要意义

（一）拓展“纲要”教学资源

“纲要”课学习不能局限于课本，而是要向外延伸与拓展。对于大学生来说，在中学阶段已经学习了基本的历史，虽说深度上有所差异，仍会在学生主观态度上形成枯燥、乏味的印象，地方实践性历史资源的运用，可以为“纲要”增添新的历史资料，尤其在遇到学生感兴趣的史料时，学生的学习兴趣一下被激发，其学习效率将大大提升。

地方实践性历史资源包含着乡土历史发展、乡土文化等，一些是大学生日常生活中常见的内容，一些是大学生感兴趣的内容，通过学习很快将“纲要”主线事件与地方实践性历史资源结合在一起，拓展了教学资源。地方实践性历史资源与“纲要”教学之间是相互促进的关系，地方实践性历史资源补充了“纲要”教学内容，拓展了“纲要”教学资源。通过地方实践性历史资源的挖掘，

对其创新与转化，促进地方实践性历史资源在现当代的发展，也在客观上保护了地方实践性历史资源，使其存续下去。

（二）培养问题意识，提升解决问题的能力

“纲要”教学过程中，不仅要使学生学到知识，还必须培养学生的问题意识及解决历史问题的能力。地方实践性历史资源可以使学生进入历史，走向社会进行实践，在实践中运用马克思主义的基本原理来处理问题、解决问题。

一个历史事件的发生，一定有其内在的原因，是其历史背景、地域、文化等因素综合发生的结果，任何一个历史事件的发生都有其历史渊源及演变过程。所以解决历史问题，揭示历史规律时，要将这些因素结合起来，对历史事件进行总体把握，这样才能得到正确的结论。而“纲要”教学的最终目的是指导实践。当今时代背景下，社会事件及热点都有一定的复杂性，要正确认识其内在的规律，需要具备问题意识，对事件的分析要多问几个为什么，学会了提问，也就学会了思考，最后提升解决问题的能力。

（三）增强“纲要”教学的趣味性

从教育心理学角度出发，学生对于自己熟悉、亲近的事物，容易产生兴趣。地方实践性历史资源通常是学生熟悉的。学生学到的知识包括许多的历史知识来源于社会，来源于自己熟悉的环境，而学生最熟悉的社会环境，莫过于自己的家乡，所以在挖掘自己家乡的历史事件、历史人物、历史故事时，学生都容易产生熟悉感，通过学习可以激发学生的自豪，进而培养民族自信心，培养正确的人生观与价值观。

（四）激发爱国情感

家乡与国家之间有密切的关系，爱家乡更爱自己的祖国，而对地方实践性教学资源的挖掘，会激发学生对家乡的热爱之情，进而激发爱国情感。关于家乡与祖国的关系，加里宁有这样的论断：“家乡是看得见的祖国，祖国是扩大了的家乡。”“爱国主义教育是从深入认识自己的故乡开始的。”

由以上可以看出，对家乡的热爱是爱国主义的第一步，只有产生对家乡的热爱，才能进一步延伸到热爱国家。

教育的目的是培养社会需要的合格人才，为社会建设贡献力量。“纲要”是一门思想政治理论课，需要培养学生热爱家乡、热爱祖国的情感，地方实践性教学的学习，加深了学生对家乡历史的了解。家乡的历史上出过大大小小的名人，他们都有动人的故事，这些都是进行革命传统及爱国主义教育的最好的

题材。学生只有在充分了解这些历史、德行、精神、勇气之后，才会有“向贤”之心，自觉将自己的言与行规范起来，将家乡与祖国的命运联系起来，进一步激发爱国主义情感。

（五）可以提升教师的教学研究能力

地方实践性教学资源是“纲要”的重要补充部分，教师在做好“纲要”教学工作的同时，也要重视地方历史资源的挖掘，将其运用到教学与研究之中。在教学中，对于地方实践性的教学资源，不能只靠书本的阐述来传递给学生，教师如果有机会，需要实地考察，在考察中证实史实，发现问题。整理之后的资料可以请相关的学者、专家及历史人物的后裔批评指正，进一步弥补地方历史资源的空白，这也在一定程度上提升了教师的教学研究能力。

教师还要不断拓展自己的知识面，通过多维教学模式，拓展教学的范围，提高教学水平。在教学中，善于从主线历史脉络引申到地方历史资源上，指导学生探索、发现更多的有趣的历史事件、历史人物及历史故事，同时也要引导学生从纷繁复杂的实践中出来，对其进行总结与归纳，进一步清晰历史脉络。

三、地方实践性历史资源运用于“纲要”教学的注意事项

（一）基本原则

1. 适度性原则

指的是地方实践性历史资源与“纲要”教学在结合过程中要把握适度原则，即适度地开发，适度地结合，要紧紧围绕“纲要”教学目标设定。要把握好适度原则，应当从以下几个方面入手：

所选择的地方实践性历史资源需要与“纲要”课的“四个选择”目标相一致，围绕着“四个选择”，选择与“纲要”教学相契合的内容。

所选择的地方实践性历史资源需要具有明确的“政治性”，需要严格遵守党的政策与方针，在政治上与党中央保持高度的一致，在思想上与中国共产党宣扬的内容相契合。

所选择的地方实践性历史资源需要打好“情感牌”，充分发挥地方实践性历史资源的思想情感教育内涵，充分挖掘身边熟悉的历史事件及历史故事，增强对家乡历史的了解，生发出对家乡的热爱之情，进而升华出对家国的热爱。

所选择的地方实践性历史资源还应当与教师现有的教学水平相适应，所开展的教学实践活动也要与学生的内部条件相一致。

2. 高效性原则

地方实践性历史资源具有地方特色，在时代的推动下也呈现出独特的历史韵味，尤其涉及中国现代史部分，可以挖掘一些改革开放之后的历史新面貌，与“纲要”教学结合，凸显时代意义。

3. 典型性原则

地方实践性历史资源总量远远多于“纲要”呈现的内容，因此要选择典型性的历史内容运用于“纲要”教学之中，既要体现地域特色，又要对历史有着重要的影响。

4. 多样性原则

这里主要体现在理论课与实践课的结合、理论课的教学方式、实践课的活动形式等。通过理论与实践的结合，加强了学生知识与能力的提升，更好地指导实践。理论课在进行中，可以采取多样化的教学方式，如探究式、讲授式、导入式、辩论式、演讲式、PPT 展示等，来拓展课堂教学的形式；实践活动时，结合实际情况，也可以采取观摩、田野调查、考察、实地采访等形式，提高实践效率。

（二）注意问题

总结当下地方实践性历史资源与“纲要”教学中常出现的问题，现就问题做以下对策，推进两者的结合。

其一，要处理好“纲要”教学与地方实践性历史资源之间的关系，“纲要”教学处于主要地位，地方实践性历史资源属于次要地位；要分配好课堂教学与实践教学比例关系，既要有理论性知识的结合，也要开展实践教学，坚持“两条腿”走路。

其二，建立起完善的考核与反馈机制，在开展教学与实践之前，应当建立起相应的考核机制，无论采取何种教学形式都要有较为固定的评价模式，以便评估学生的学习情况。

其三，地方实践性历史资源除了集中在博物馆、档案馆等地方，还有大量散落在民间，所以对这一部分的历史资源要仔细甄别，找到准确的资料。同时在实践教学开展时，应当因地、因时、因人制宜，确保实践的灵活与创新。

其四，在开发过程中，教师要加强课程资源开发意识，积极整合地方实践性历史资源，为“纲要”课程所用。教师要灵活处理地方实践性历史资源与“纲要”内容的关系，在教学过程中以引导学生为主，教师指导为辅。

第三节　地方实践性历史资源促进“纲要”教学发展的路径

地方实践性历史资源运用好的话，可以促进“纲要”教学的发展，提高教学效率。本着实效性、可操作性原则即理论联系实际的原则，在教学过程中要从以下几个方面为切入点，探索地方历史资源与“纲要”教学的结合。

一、“纲要”课堂教学与地方历史资源紧密结合

如前所述，“纲要”是对中国近现代史的历史脉络的大体梳理的学科，并没有对知识细化处理，要加深学生对“纲要”的认识，需要拓展加入地方历史知识，使得“纲要”教学在具备大历史特性的同时，还兼具地方历史资源及地域文化的特性。

“纲要”课堂教学与地方历史资源的结合可以从三个方面切入：

（一）教学内容切入

从教学内容上看，近年来地方的历史文献的挖掘取得了较大的成就，整理和归纳出大量珍贵的历史资源，这些资源既能成为史学研究的重要资源，同时也能丰富“纲要”教学。通过引用一些素材，加入“纲要”教学中，实现了教学创新。

（二）教学过程切入

从教学过程看，为了激发学生的学习热情，教师不仅要探索教学的实用性、实效性，还要探索教学的趣味性，从身边的历史入手，使学生在延伸与拓展的过程中学到知识，掌握“纲要”学科的真谛。通过向学生介绍身边的历史，指导学生搜索资料、了解历史内容，在实践中感受历史资料，并得到相应的感悟。实践的过程是获取知识、掌握历史规律的过程，同样在兴趣的引导下，学生能专注于历史真相的了解，更能从中发现问题、解决问题，获得学习成就感，进而喜爱“纲要”这门学科。

如上海地方历史资料的挖掘。上海是中国近代以来开埠较早的城市，出现了许多著名的历史事件及历史人物。其地方历史资源归纳起来主要有（见表6-2）：

表 6-2 上海地方历史资源

序号	分类	代表项目
1	馆藏资源	上海市档案馆、上海革命历史纪念馆、上海市图书馆以及各区各类档案馆图书馆、上海市博物馆、上海市城市规划馆
2	代表性建筑物	和平饭店、中国银行大楼、浦发银行大楼
3	名人故居、名人纪念馆	毛泽东旧居、孙中山故居、鲁迅纪念馆、陈毅雕像、张闻天故居、李白烈士故居、宋庆龄故居、巴金故居、张爱玲故居、刘长胜故居、韬奋纪念馆、盛宣怀府邸、吴国桢官邸、宋家花园、张静江旧居等。
4	历史遗迹	上海淞沪炮台、上海四行仓库、上海淞沪抗战纪念馆
5	革命历史遗迹	上海龙华革命烈士陵园、宋庆龄陵园、团中央机关旧址纪念馆、中共代表团驻沪办事处纪念馆、中国左翼作家联盟成立大会会址纪念馆、陈云故居暨青浦革命历史纪念馆、长宁区革命文物陈列馆、中国劳动组合书记部旧址陈列馆，以及高桥、川沙、闵行、宝山、嘉定、松江、南汇、奉贤、青浦、崇明等处烈士陵园
6	会议遗址	中共一大会址纪念馆、中共二大会址纪念馆、中共四大会址纪念馆

在讲到上海的相关历史内容时，就可以从这些历史资源中找灵感。如讲到中国共产党的诞生时，可以介绍中国社会主义青年团中央旧址纪念馆、中共一大会址纪念馆可以利用网上资源来介绍这些地区，如果是当地的高校，则在开展教学时很有必要亲自带领学生实地参观，馆内陈列着会议召开的情形、相关的珍贵照片，历史介绍、历史文献资料等，这里不仅有丰富的历史资源，学生能在这种有强烈仪式感的氛围下，激发爱国情怀。

（三）教学方式切入

从教学方式上看，分为课堂教学与课外教学。一方面，可以将地方实践性历史资源作为课堂理论教学来展开，分为插入式教学、案例分析式教学、专题式教学、探讨式教学等方式，如图 6-1。另一方面，可以通过实践教学的形式来实现地方实践性历史资源与“纲要”教学的融合。此外还可以通过网络手段拓展教学方式。

1. 课堂教学

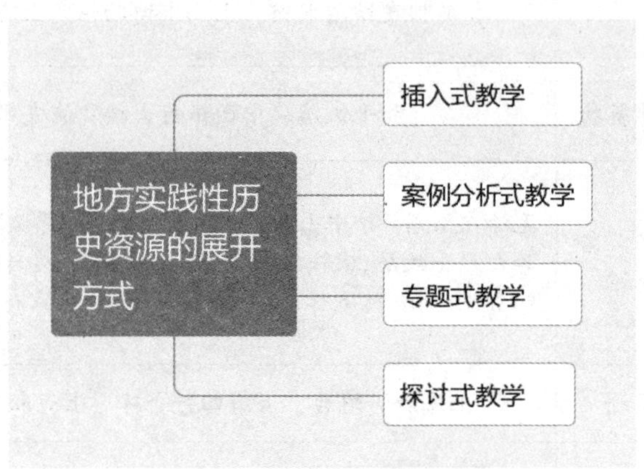

图 6-1　地方实践性历史资源的展开方式

（1）插入式教学。

插入式教学指的是在授课的过程中，将地方实践性历史资源作为教学内容的补充案例进行说明，将地方实践性历史资源插入教学之中，进行拓展性讲解，以便学生能清楚认识这段历史。例如在讲授第六章第四节“抗日战争的中流砥柱”的时候，就可以将平型关大捷作为一个经典案例穿插在课堂教学之中。

插入式教学可以通过多媒体展示平型关大捷纪念馆的陈列内容。

展厅一共分为七个厅，序厅、第一展厅、第二展厅、第三展厅、实物陈列厅、将星闪烁厅、缅怀厅，还有一个半景画馆。其中第一、二、三展厅是主展厅，主要陈列以下内容：

① 第一展厅。

主要是介绍了平型关大捷的历史背景和战前形势（图 6-1），包括：

七七事变爆发——日军全面侵华和中国全面抗战开始；

国共合作——抗日民族统一战线正式形成；

洛川会议——红军主力改编为八路军；

日军侵占晋北地区——骇人惨案迭起。

图 6-2 第一展厅

图 6-3 第二展厅

② 第二展厅。

主要介绍八路军平型关首战大捷的经过（图 6–3），包括：

电子沙盘演示平型关战役的概况；

平型关大捷参战主要将领；

平型关战役图片；

半景画馆——运用声、光、电等现代化科技手段和艺术手段生动地再现了平型关大捷战斗场面。

③第三展厅。

主要介绍平型关大捷的意义、影响和将帅对平型关大捷的评价等(图 6–4)，包括：

举国欢庆——军民振奋；

将帅盛赞平型关大捷；

永垂青史的丰碑——刻录的 137 位烈士的名单，是在平型关战斗中牺牲的部分烈士，由于条件的限制，很多烈士没有留下姓名，成了无名英雄。

图 6–4　第三展厅

通过影像的形式来展示平型关大捷，可以激发学生学习历史的热情，加深对这一段历史的了解。

（2）案例分析式教学

案例分析式教学指的是运用地方的历史经典案例来与教学内容结合起来，

与插入式教学不同，案例分析式教学运用案例创设一定的情境来培养学生的历史思维的模式。教师在教学过程中，应当选择故事性、情节性强的案例呈现在课堂教学上，注重将鲜活的历史资源融入教学当中，大大提升了学生的情感体验。

（3）专题式教学。

专题式教学前面也有涉及，专题式教学可以作为“纲要”的主要内容进行整合来讲，也可以针对一些重点、难点集中讲述或讨论，以获得对“纲要”的整体性的把控。专题式教学也可以开设一些于与地方实践性资源相关的专题讨论，也可以在课堂教学的过程中，将专题式的地方实践性历史资源引入其中，增强教学内容的生动性。

地方实践性历史资源经过挖掘，能挖掘出地域的精神及历史事件背后的跌宕起伏的故事，这些都是吸引学生兴趣的内容。除了这些之外，高校、学院还可以请地方的名人来高校做专题讲座，加深“纲要”教学与地方实践性历史资源的衔接。

（4）探讨式教学 .

探讨式教学是通过问题形式，引导学生进行讨论，集中解决问题的一种教学方式。教师也可以在探讨式教学中引入一些地方实践性历史内容，让学生在课堂上讨论，加深对区域历史的了解。

与初中、高中历史课的地方性历史资源的运用不同，本科、研究生阶段对历史的把握具有全面性、研究性的特点，主要表现在学生对历史脉络及基本事件具有一定的认识，这一时期，需要引导学生进行研究性学习，通过探索、研究，解决问题的同时还锻炼了自身多方面的能力。

2. 课外实践教学

课外实践教学的途径主要有三种，如图 6–5。

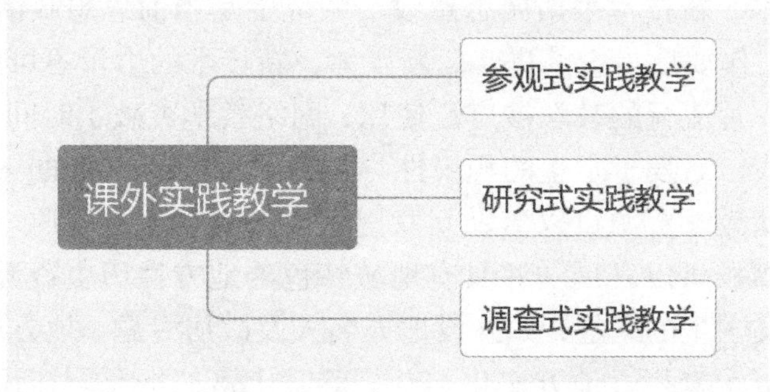

图 6–5 地方实践性历史资源与“纲要”融合的课外实践教学

（1）参观式实践教学。

可以引导学生就近参观附近的地方性历史资源，结合当地的历史资源来拓展“纲要”教学内容。高校所在的区域有物质性历史资源，包括革命烈士陵园、博物馆、图书馆、名人故居、历史遗迹等，这些都是学习“纲要”的重要途径。教师可以指导学生参观当地的一些代表性地方历史资源，同时鼓励学生利用课余时间去搜集历史文化资源，在理解“纲要”内容的同时也增加了人生阅历，有助于正确的价值观、人生观的塑造。

（2）研究式实践教学

研究式教学即带着问题搜集资料的过程，研究性教学具有学术性的特点，是学生通过自主探索得到结论的一种教学方式。与参观式实践教学不同的是，研究式教学在实践的过程中有着明确的目的，通过目的指向引导学生实践，通过搜集地方实践性历史资源，来形成具有学术价值的调查报告或者学术论文。研究式实践教学是研究性教学的一部分，这一部分将在第七章“纲要”教学过程的研究性教学探索里专章论述，这里只就地方实践性历史资源论述。

（3）调查式实践教学。

当前的“纲要”教学仍然存在偏重理论的学习，忽略对大学生综合能力的培养，这是当前“纲要”改革的一项重要任务。“纲要”教学不能只依靠课堂教学的有限时间与有限空间，而要实现课堂教学与课外教学同步进行，相互促进的有效循环。“纲要”教学适当引入地方实践性教学资源，积极开展社会调查式实践教学，可以促进学生综合能力的提升。通过开展调查式实践教学，可以促使学生从课内走向广阔的课外，从校园走向真实的社会，与地方实践性历史资源相融合，增加对“纲要”知识的整体把握。调查式教学的实践成果还可以作为学生考核的直接凭证，计入总成绩。

3. 网络教学实践

运用新媒体、新技术来拓展思想政治的范围是当前思想政治工作的一个重点，思想政治工作要取得大的进步，新媒体、新技术的力量不可忽略。近年来，网络教学成为一种流行的教学被广泛使用，网络教学突破了时间、空间的限制，创新了教学方式，激发了学生的积极性，是当前比较受欢迎的一种教学方式。

地方实践性教学资源可以借助互联网手段来实现地方资源与“纲要”内容的有效衔接。高校可以开展一些具有地域特色的地方性历史资源，通过分设不同的专栏来激发学生的兴趣，如开设地方名人及故居专题、地方历史遗迹专栏、地方历史文化资源专栏、地方文化类专栏等，丰富“纲要”知识的同时，也挖掘了地方历史资源，为其进一步发展作出贡献。

二、与地方历史资源点合作，拓展“纲要”教学范围

“纲要”教学与地方历史资源的结合的方式主要有两种——通过共建教学基地，弘扬爱国主义；通过实践活动，提升教学效果。

（一）共建教学基地

高校与高校所在的政府与地方历史资源点进行合作，共建教学实践基地。学生通过参观历史遗迹、了解历史事实、聆听历史故事，学习革命历史传统，弘扬爱国主义精神。

仍然以上海为例，上海被誉为“红色之源”，现存有大量珍贵的历史资源，上海不仅有深刻的红色印记，还是改革开放以来的现代化建设的代表性城市，共同记录着上海的发展历史，这些运用在教学上将是一笔丰厚的历史文化资源。近年来，上海着力构建爱国主义教育基地，成为宣传革命历史传统、传播先进文化、弘扬城市精神的历史大讲堂。高校应当与这些地方实践性的教学资源相衔接，加入构建爱国主义教育基地当中。

高校与地方历史资源点的合作是一个双向影响、共赢的关系。一方面，高校学生通过参观、学习、借鉴地方历史资源实现对历史客观、全面的把握，有利于培养学生学习“纲要”的兴趣，促进学生朝着研究性方向拓展；另一方面，地方历史资源只有与当代人产生关联，历史资源才能实现其教育及实践价值。大学生是未来社会主义建设的接班人，有责任、有义务去弘扬民族精神及爱国主义，地方历史资源通过与大学生的关联也实现了其当代价值。

当然，教育基地的建设需要双方签订共建协议，共同维护教育基地的日常运作，通过确定联络员、辅导员，增强共建工作的计划性、组织性，可以通过教育基地发起的座谈会、巡回展览、巡回演讲、报告会开展共建活动；可以组织学生参观历史纪念馆、革命根据地等。参观活动应当注意以下问题：

1. 参观前

学生可以利用图书馆资源、互联网资源形成对历史背景的认知，从而确定参观的主题。

2. 参观中

可以以班级为单位，也可以以小组为单位进行参观。

3. 参观后

学生通过整理、讨论，得到调查报告或考察日志。

4. 主题班会

可以选派学生代表就参观的细节、感受与学生分享，着重培养学生分析问

题、解决问题的能力，培养学生的协作、自主、创新等能力，实现学生的全面发展。

（二）开展实践活动

高校还可以与当地的文化馆、图书馆、博物馆、档案馆等历史资源聚集地进行合作，开展实践活动，活动的形式可以采取活动征文、学术讲座、历史演讲、短视频等形式展开。活动过程中，要加强“纲要”主线与地方历史资源的结合，拓展教学内容，提升学生能力。对于“纲要”教师来说，举办此类的实践活动时，要熟悉地方历史文化资源，对馆藏的藏品及文献有一定的鉴赏、识别能力，具备基本的文物知识，以便结合“纲要”内容，实现结合不突兀、层次有分明、互补助教学的目的。

实践活动还可以通过参观历史遗迹实现，教师在进行实践活动之前应当充分与学校和历史遗迹管理处进行沟通，确定时间、地点、经费方面的问题，实现有条不紊的参观，通过实践活动激发学生学习历史的热情，掌握更多历史知识与历史规律，更好地指导今后的生活。

三、案例设计——以历史名人为线索开展“纲要”课堂探究式教学

以地区历史名人为切入点开展“纲要”探究式教学有着重要的意义，教学需要划分小组，通过组内自由讨论得出历史主题，再通过小组内分工与协作，完成资料的搜集、问题的解决、知识的升华，资料的搜集可以采取网上查询、图书馆借阅、考察历史旧址、采访相关专家学者等方式，学生因为自我主导，所以其积极性较强，在实践中能主动合作完成目标。学生在这一过程中，不仅享受探究学习带来的学习乐趣，还能主动获取知识，利用知识解决问题，还培养了诸如探索、协作等能力。

教师可以将探究式的活动主题定为“某某地的历史名人”。

1. 需要确定指导思想

确定活动的目的是加强学生在思想、人格、品质、心理等方面的教学，让学生在日常生活中向名人靠拢，通过名人效应来指导自己的行为。

2. 确定活动目标

小组搜集完资料之后根据资料策划活动方案，制订活动计划。在活动过程中，教师要搜集大量翔实的资料，供交流展示，学生也能从大量资料中生发自己喜欢的部分，有利于激发学生的学习热情，培养学生独立思考的能力、解决问题的能力。

3. 活动过程

以历史名人为线索开展的“纲要”课堂探究式教学一般分为六步，见图6-6。

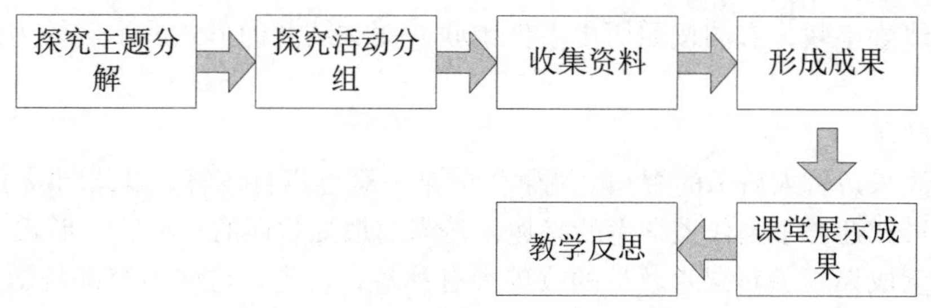

图 6-6 活动过程

（1）探究主题分解。

地区性的历史名人其形成具有独特性，名人常常会受家世的影响较重，如经商世家、书香世家、仕宦世家、武将世家等，因此在确定名人主题时，可以按属性分类，如状元世家、革命先烈、体坛健儿等，方便有目的性地搜集资料。

（2）探究活动分组。

因为搜集的是地方性的历史资源，所以在划分小组时，尽量将相同或相近地域的学生分为一组，这样可以减少对地方历史资源的陌生感。可以将全班的学生分成若干小组，每个小组选择一个主题，之后分工协作，完成主题资料的搜集。

（3）收集资料。

收集资料的过程需要一定的时间，周期不能太短，也不能太长，通常设置在 1—2 周，学生以小组为单位，可以利用周末时间到名人纪念馆参观学习，也可以到名人的家乡实地考察，采访名人的后辈。学生在实践过程中，需要对名人的生平事迹、典型故事、突出贡献、遗址遗物等资料进行搜集，在搜集的过程中，激发学生对名人的敬佩之情，给学生的言行带来一定的示范作用。

（4）形成成果。

形成成果的过程是对收集的资料归纳总结的过程，也是从繁到简的升华。小组组长组织小组成员就搜集到的材料充分交流，并且得出实质性的成果。这些成果可以通过手抄报、演讲、口述、微课等形式在课堂上展示。

（5）课堂展示成果。

①手抄报。

将讨论形成的具有创造性的历史手抄报贴在黑板上，学生就手抄报的主体、内容、设计思路等进行交流。

②名人 PPT。

将搜集到的知识与图片放在 PPT 内，通过历史主题串联起来，有的按照人物生平线索串联，有的按照历史事件串联，图文结合的形式展示着较为全面的内容。

③微课。

播放采访名人后辈的视频，就学生的某一疑惑进行解答，以此制成了微课。微课的形式迎合了当代大学生的兴趣，是当前最受欢迎的一种展示形式。

课堂成果展示对课堂教学的改进大有裨益，首先，这些内容都是学生在自发、自觉的环境下创造出的成果，更能在课堂上讲清楚、讲明白；其次，以上形式大大扩展了教学的方式，以学生喜爱的方式进行，大大提升了课堂的活跃度，进一步增强了课堂教学效率。最后，学生搜集的这些成果业务也成为教师开发教学资源的重要来源。

（6）教学反思

学生是探究式学习的主体，对家乡的历史文化较为熟悉，同时在确定主题的时候有的放矢，有利于探究内容的深入。尤其在遇到学生感兴趣的内容时，学生在实践中表现得更为积极，在撰写报告时能形成独立的篇幅，有的同学在考察时还拍摄了珍贵的照片、视频等，有的还制作了非文本的解读视频，这些都为历史教学的开展及地方历史资源的挖掘带来了积极的意义。

通过与地方历史资源相结合的“纲要”研究性教学，不仅丰富了“纲要”教学的内容，还挖掘了地方历史资源。而学生处在沉浸式学习与探索中所掌握的知识与能力，是贴合学生日常、与学生紧密相关的内容，大大提升了学生的学习效率，同时还在这一过程中，拓展了各项能力。

第七章　“纲要”教学过程的研究性教学探索

教学过程是指教师与学生在共同的教学任务中的活动状态变换及其实践流程，在教学过程中渗透着教与学的过程。研究性教学在学习过程中有着特殊的意义，不仅能调动学生的积极性，充分发挥其主体性地位，还能进一步提升学生各种能力。《礼记·中庸》中有“博学之，审问之，慎思之，明辨之，笃行之”，是对学习过程最早的概括，包含了知与行的结合，也一定程度上体现了研究的过程。

第一节　“教育应然”视角下“纲要”研究性教学的理念

研究性教学理念指的是师生在教学实践活动中形成的包括思维、“教育应然”的理性认识及主观要求，在“教育应然”视角下进行研究性教学，能客观认识“纲要”历史的基本脉络及内在规律，形成对“纲要”的独特的看法及基本的态度，通过开展研究性教学，可以拓展“纲要”教学过程，对“纲要”教学活动起着指导意义。

教育应然和教育实然所解决的是“教育应该是什么样的”和“教育实际是什么样的”，后者多是由现实决定的，是教育能达到的层次，而教育应然是教育追求的最高层次，是教育目的的理想状态，是培养全面发展的人。当然，教育应然需要教育实然为基础，一步步构建教学的发展趋向。“纲要”研究性教学理念是教学在实然教育的基础上的创新，是对“教育应然”的努力，其教学理念主要表现在以下几个方面：

一、以学生为主体的研究性教学方式

在研究性教学未开展之前，教学模式主要采取灌输式教学，“纲要”教学主要集中在课堂之上，以讲授法为主，虽然课堂进行中也穿插着讨论法、提问式等增强课堂互动的方式，但教学的理念仍然是传统的以灌输为主的方式，仍然以完成“纲要”课程的知识学习为目的。

（一）传统课堂的局限性

传统的教学模式也限制了教师与学生双向能力的延伸与拓展。

首先，讲授法是教学将“所知”传达给学生，学生处于被动接受的状态，所以教师与学生的互动性较差，通常属于单向的交流方式。而对于学生来说，如果对某一部分的内容感兴趣，则学习效率较高，如果不感兴趣，则学生处于被动的状态，而学生的主体性在教学中的作用巨大，长期的被动性不利于课堂教学的进行。

其次，讲授法难以实现学生与所接受的知识之间产生关联。讲授法是通过教师建立起学生与知识的联系，虽然教师将教材知识讲给学生听，但仍然是书本上的知识，与学生本身的生活及实践相距较远，且传统的讲授法也不利于培养学生的创新与创造能力。“纲要”既是历史课，也是思想政治课，尤其其作为思想政治课的性质，需要学生培养创新与创造精神，与时俱进，通过关注社会问题及社会热点来运用“纲要”知识，培养民族自豪感与爱国主义精神。另外，新时代的社会主义现代化建设，需要学生具备专业知识的同时，还需培养创新能力，将研究的精神融入“纲要”教学中去。

（二）研究性学习的教学形态

1. 多样化的教学形式

“纲要”研究性学习在教学形式上呈现出多样化的形态，在教学过程中，会根据专题、问题、项目等形式采取不同的教学形式。问题意识是“纲要”研究性教学的前提，教师在教学过程中需要培养学生发现问题的能力，带着问题去探索知识，养成研究的习惯，进一步培养协作能力与创新能力。

2. 生成性教学

所谓生成性教学，是教师根据课堂的具体情况，根据自我教学经验及时调整教学思路与教学行为，完成创设性的教学形态。“纲要”研究性教学属于生成性教学，虽然它是在教学目的与教学任务的指引下进行的，但不仅仅局限于此。其时代性表现在研究性教学注重学科前沿与社会动态的研究，同时关注学生的个体差异性，以学生为主体，培养学生的探索能力与实践能力，利用所学指导所做，从而培养创新能力。

3. 教学观念上的创新

“纲要”在开展研究教学时，首先要创新教学观念，改变以教师为主导的灌输式教学，转向学生普遍参与的研究性教学，在这期间，学生的各项能力有了综合提升（见图 7-1）。

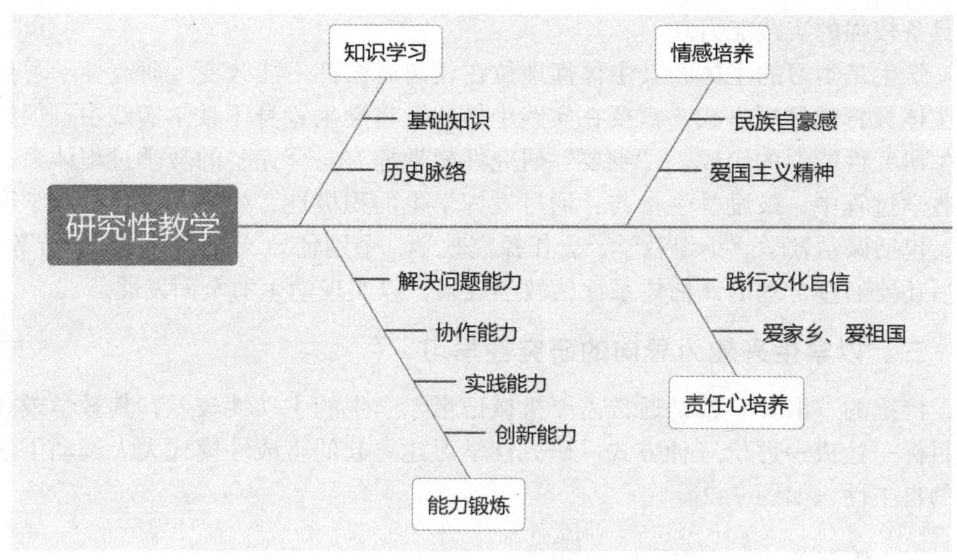

图 7–1　“纲要”研究性学习的各项能力培养

在研究性学习情境下，学生会形成“社会互动作用”的学习情境，也就是学生在学习时以某一问题、某一专题、某一项目为重点组成学习小组，然后共同分享问题，创设问题情境，在讨论中得到解决问题的灵感，并指导实践，从而找到解决问题的途径。

二、探索学生自主活动的学习方式

学生的自主活动充分体现了学生的主体性地位，学生通过自主活动，获取知识。“在教育教学过程中，学生不是被动的加工对象，而是具有主体性的人，具有能动性、自觉性、创造性”。[10]大学生的主体性表现为在学习的过程中，能在教师、教材及教学环境的引导下，发挥自我主观能动性，通过实践解决问题来加强自身能力的培养。强调学生自主活动并不是说老师就可以忽略，教师需要创设一个发现问题、解决问题的学习环境，适时引导学生完成知识、能力、情感的获得。大学生自主性同样也是社会发展需要的，现在的岗位强调学生掌握基本技能的同时，更加注重学生具备各种能力，对处理突发事件的能力有了更高的要求。

传统的教学过程中，注重知识的传递，而对学生自主性的要求较低，所以也导致学生的实践能力较差。“纲要”课的思想政治性要求学生在思想上独立、自主，以此来指导今后的实践生活，所以人的主体性需要着重强调。“纲要”教学要致力于发展学生的自主能力，将学生培养成未来社会生活的实践主体，并具备较强的实践能力。

学生是学习的主体，其主体性地位在任何时候都不能改变。研究性学习作为主体教育的呈现方式，需要在实践中体现。将学生置身于教学实践中，促进学生研究性能力的生成。“纲要”研究性教学拥有一套完整的教学过程体系，在教学过程中，鼓励学生参与，通过发挥学生的积极性，建立多样化的教学形式，包括课堂教学、小组教学、合作探究教学、个别辅导、教学与自学结合等，课后还要通过合理的评估体系评估教学成果，以实现学生的全面发展。

三、以学生兴趣为导向的研究性学习

传统的“纲要”教学通常需要机械记忆，学生的主动性较差，其教学模式为目标→达成→评价三种方式。研究性学习建立起的生成性模式大大调动了学生的自主性，如图 7–2。

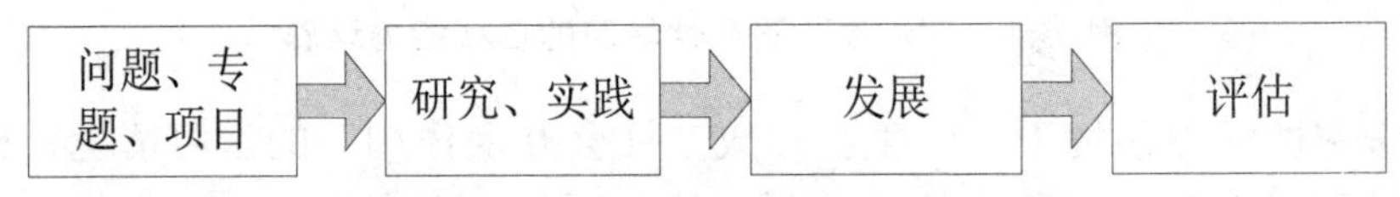

图 7–2　研究性学习的教学过程

在开展“纲要”研究性学习时，兴趣扮演着重要的角色，以兴趣为导向的问题、专题、项目实践，可以使学生在愉快、紧张的状态下开展合作，最终获得实践成果。

“纲要”研究性教学的开展是一个复杂的过程，既包括学习活动，也包括教师开展的教学内容、评价内容，总结其整个过程，见表 7–1。

表 7–1　“纲要”研究性教学内容

<table>
<tr><th>研究性学习过程</th><th>学生实践</th><th>教师活动</th></tr>
<tr><td>问题、专题、项目</td><td>列举“纲要”相关的课题或项目</td><td>提供“纲要”前沿研究、共性历史话题</td></tr>
<tr><td rowspan="3">研究</td><td>成立课题组</td><td>协调分组、组织小组分工、组长确定</td></tr>
<tr><td>小组通过讨论，得出实施方案</td><td>引导方案确定</td></tr>
<tr><td>形成实施方案</td><td>引导方案确定</td></tr>
</table>

续　表

研究性学习过程	学生实践	教师活动
实践	搜索资料	指导搜集过程
	问题研究	监督实践过程
	整编资料	指导整编资料
发展	研究展示	评价展示成果
	交流成果	总结实践活动
评估	总结反思	反馈教学成果

四、促进学生的全面发展

与传统的教学方式不同，“纲要”研究性教学旨在促进学生的全面发展，主要表现在以下几个方面：

（1）既注重知识的传授，也注重学生能力的提升；

（2）强调课堂教学的同时，也注重实践教学；

（3）既注重教师的讲授，也注重教师的引导；

（4）既注重教学的结果，也注重教学的过程；

（5）既注重学生获取知识的能力，也注重学生其他能力的培养。

学生不仅成为教学的主体，还需要通过“纲要”研究性教学获取其他知识与技能，完善自身的知识结构，为之后的社会实践奠定基础。教师在研究性教学中所充当的角色，不是知识的给予，而是通过创造良好的学习与探索环境，帮助学生发现学习的乐趣，并通过发现问题，解决问题，提升自身综合能力。

这里强调培养学生能力发展的全面性，不是单纯的获得知识的能力，包括提出问题能力、解决问题能力、探索问题能力，还包括协作能力、组织能力、查询能力、交流能力、演讲能力等，从而真正意义上实现了“要我学”向“我要学”的转变，学生成为“纲要”学习的主体。研究性学习不金教会了学生学习的能力，还学生成为自己的老师，指导他们面对新的问题并培养突破问题的能力。

五、“纲要”研究性学习的开放式空间

多元智能理论强调每个人都有自身独特性，需要教师充分挖掘学生的智力，发展相应的能力，这里就为学生提供了一个开放式的空间。过去评价学生主要

通过学习成绩来评价，许多学习成绩一般或者较差的学生得不到教师的认同，这种做法显然埋没了人才。运用多元智能理论发现每个学生身上独特的闪光点，发现学生的各项能力，并指导学生运用于实践当中，促进学生成才。

在教学方法上，教师运用多元智能理论认清每个学生的优势与劣势，选择适合大学生心理发展的方法，因材施教，助其成才。故“纲要”教学开展中，教师不再单纯围绕教学目的来开展教学，而是更多从学生出发，发现学生的优势、开发学生的各项能力。围绕学生现有能力与“最近发展区”来设置多样化的探究学习，在教学过程中培养学生的多元智能。

在教学形式上，多元智能理论强调多元化的发展，依据教学内容组织教学形式，以小组合作、小组讨论的形式大大活跃了课堂气氛，增强了学生参与的积极性。

在教学环节上，“纲要”研究性教学强调反思环节。因研究性学习的教学方式多种多样，所以评价、反思的环节至关重要，通过评价教学成果，反思教学过程中存在的误区，及时总结实践经验，为下一次研究性教学的开展提供参考。

在教学过程中，“纲要”研究性教学主张教师要充分备课，撰写详细的教案。传统的教学严格按照教学大纲准备教学，拥有固定的程式，而研究性学习是一个灵活性的教学过程，没有固定的模式所参考，包括备课及教案也不能适用于所有的教学之中，而在开放型的空间中，能够营造一种民主、宽松的氛围。研究性教学内容不仅仅是大纲、教材的范围，还涉及教学开展的相关内容，其教学过程也具有较大的灵活性，根据教学的实际情况来调整教学形式。另外，“纲要”研究性教学在教学过程中，还将教学内容从课堂教学中延伸到更广阔的范围内，如图书馆、纪念馆、生活、社会当中，很好地将历史知识与现实实践相联系。

第二节　“纲要”研究性教学的目标和原则

一、“纲要”研究性教学的目标

教学目标是教学活动的出发点及最终归宿，教学目标指学生在完成教学过程后，应当表现出的，可见行为的具体明确表述。[11]“纲要”的教学目标可以分为知识目标、能力目标、情感目标，见图 7-3：

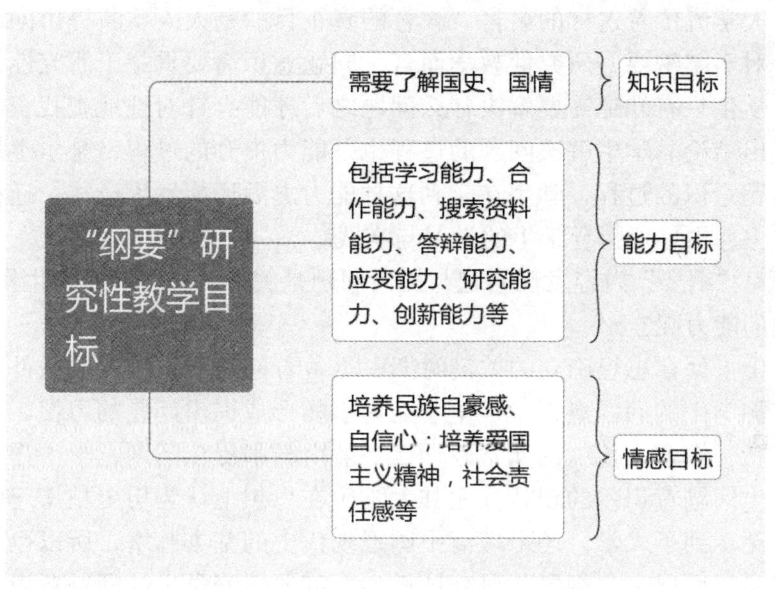

图 7-3 “纲要”研究性教学目标

以上是“纲要”研究性教学的教学目标，现就以上的教学目标详细阐述。

（一）对国史、国情的了解

《中国近现代史纲要》（2021 年版）的导言中指出中国近现代史是指 1840 年以来的中国历史，就其主流及本质来说，是中国人民为救亡图存和实现中华民族伟大复兴而英勇奋斗、艰辛探索并不断取得伟大成就的历史。尤其是全国各族人民在中国共产党领导下，进行艰苦卓绝的斗争，经过新民主主义革命，赢得民族独立，人民解放，建立中华人民共和国的历史；经过社会主义革命、建设、改革，把极度贫穷落后的中国逐步改变成持续走向繁荣富强、充满生机活力的社会主义中国的历史。

“纲要”研究性教学与其他教学形式一样，首先需要了解国史、国情，不仅要知道历史事件“是什么”，还要明白历史事件“为什么”，全面把握历史事实，这是大学生学习“纲要”的基础与前提，只有充分了解近现代历史的脉络及遇到的难题，才能在实践中找寻解决的办法。

⑪ 贺新宇，任永波．新编教育学 [M]. 成都：西南交通大学出版社，2011:203.

（二）学生问题意识、研究能力、辨别历史能力、学习能力的养成

1.“纲要”研究性教学培养学生发现问题、解决问题的能力

哈佛大学流传着这样的名言“教育的真正目的是人人不断提出问题、思考问题”，对于“纲要”研究性教学而言，问题意识需要贯穿于研究性学习的整个过程，学生只有知道需要解决什么问题之后才能有针对性地查找资料，解决问题，得出结论。学生解决问题的过程也是能力提升的过程，是学生培养自主能力及问题意识的过程，学生在学到这种能力之后还能发生迁移，迁移到其他的领域中去，更好地指导学生的学习与实践。

能否对“纲要”内容发现问题与提出问题是关键，如何培养学生发现问题、提出问题的能力呢？

大学生正处在思想确立的关键时期，具备着问题意识培养的条件，只有有意识地挖掘学生的问题意识，学生才能对事物形成提出问题的习惯，促进学生进一步思考、探索。传统的课堂教学，一般由教师提出问题，学生作答，这也形成了学生问题意识差的现状。尤其大学生在思想上认为历史枯燥乏味，缺乏热爱，以至于到了大学，还未理清中国近现代史的基本脉络，所以也无从谈及问题的提出。所以，“纲要”研究性教学，需要培养学生的问题意识，培养学生发现问题、提出问题的能力。

要培养学生发现问题、提出问题的能力，需要在以下几个方面努力：

其一，营造良好的教学环境。

在良好的教学环境下，学生处在相对自由的状态，学生的思想自由、情绪饱满，师生间的关系融洽，有助于形成和谐、自由的教学环境。历史课不应当是严肃的，而应当是活泼、积极的。一方面，学生在教学中要大胆质疑，提出问题；另一方面，教师应当尽其所能就学生的提问给予引导性回答，鼓励敢于提问的学生。教师也应当具备包容学生的品质，能耐心解答打断授课的问题，将学生的求知欲与探索欲充分调动起来。教师教学的过程也是学习的过程，需要不断应对课堂上的突发事件，培养教育机智，提高自身的专业素养与能力。所以，教师应当充分发挥其主导能力，引导学生进行研究学习，在师生营造的良好的教学环境下探索求知。

其二，实现学生知识与能力质的提升。

在设计问题、专题、项目时，要参考历史发展的主线，可以进一步生发。可以将相近或者一类的观点进行整合，形成一个经典案例进行研究，培养学生整合的能力。这些能力是学生无法从书本上学到的，需要在实践中不断锻炼才能形成。“纲要”教学过程中，学生可以根据自身经验进行迁移，从不同的文

献中取材扩充所研究的内容，大量创新，这样学生可以在深度和广度上全面认识“纲要”知识，实现学生知识与能力的质的提升。

在研究性学习开展过程中，教师开展“纲要”教学要注意以下几点：

展示知识时，避免说教，调动学生的自主性学习，自主探索，得出结论；

教学开展过程中，重视重点、难点的同时，也能从中生发出更多的热点与创新点，在教学中加以拓展与延伸；

培养学生的生发能力，针对论题，学生凭借知识储备与经验提出新的观点与研究方式，培养举一反三的能力；

营造开放式的问题、专题、项目，调动学生的积极性，在实践过程中培养学生政治思想、情感、态度、价值观。

2. 培养学生研究问题的能力

研究能力的培养对学生的全面发展有重要的意义：

首先，通过研究，可以培养学生的创新创造能力，培养学生的自主能力，培养学生解决问题的能力，为学生养成终身学习的习惯打下基础。

其次，学生直接参加科学研究实践，可以从实践中找到解决问题的方法与思路，学生再遇到类似的问题也能找到解决的方案。

再次，学生通过研究可以拓展知识面，培养将所学知识整合的能力，提升大学生的综合素质与能力。

最后，大学生通过研究实践活动，能深层次了解历史的真相，特别在参观了纪念馆、博物馆、文献资料及历史名人的后辈时，能感同身受，获得独特的体验，对激发学生热爱家乡、热爱祖国有积极的作用，也引导学生养成正确的价值观，指导学生的生活与学习。

“纲要”研究性教学要培养学生的研究能力。“纲要”研究性教学要求教师及学生在教学开展过程中，以研究者的身份发现问题、解决问题。教师在教学中要引导学生朝着学术前沿、热点问题方向拓展，运用自己所学，不断深入。教师自身需要具备研究者精神，将“纲要”教学内容吃透，引导学生更好地完成教学任务。作为学生也需要以研究者的身份多问几个“为什么”，针对问题找寻答案，提升自我解决问题的能力。

3. 培养学生辨别历史的能力

“纲要”研究性教学对学生能力方面提出的目标是，培养学生的历史逻辑、历史思维及历史智慧，提升大学生的观察能力与分析问题的能力，同时也能树立正确的价值观，在大是大非面前有着明确的态度。

就当前“纲要”出现的一些问题来看，在思想领域中出现了许多认知偏差的声音，“殖民化客观上推动了现代进程”“西方的殖民化使得中国从沉睡中苏醒”“鸦片战争如果提前到明朝，中国早就发展了”“革命延迟了现代化进程”，这些都是错误的观点，需要及时纠正，树立正确的历史观与历史思维。大学生需要通过“纲要”的学习，结合中国近现代史的客观历史，认真分析历史进程、历史事件及历史人物，提高运用科学的历史观与方法论来分析问题、辨别是非的能力。

（三）创新意识、创新能力的养成

创新精神与创新能力的培养是当代高校教学改革的一个重点，早在1998年颁布的《中华人民共和国高等教育法》中就提出了：“高等教育的任务是培养具有创新精神与实践能力的高级专门人才，发展科学技术文化，促进社会主义现代化建设”。[⑫]在创新精神的引导下开展实践能力，需要通过创新引领实践，在实践中获得创新能力与实践能力。高校为社会培养合格的社会接班人，要培养学生成为学习的主人，使学生在主动、双向、探索、研究的过程中获得知识，并获得创新能力。

在“纲要”研究性教学开展时，要重点培养学生的创新意识与创新能力，创新来自学生的创意，一般来说，“纲要”的内容固定不变，但表现的形式多种多样，开展研究性教学就是充分利用学生的创意，去创新教学，实现教育的多维探索。在研究性教学开展之前，需要培养学生的兴趣，引导学生主动思考，为问题、专题、项目提供灵感；在实践过程中，学生就问题、专题、项目展开研究，结合自身实践经验，利用小组合作，寻找问题解决方式。在课堂展示环节，学生还可以创新表现形式，运用当代流行的方式，与多媒体结合，创设研究情境，拓展研究表现形式。学生还可以以独特的表演形式将历史内容融合进去，使学生在观看表演的过程中，学到历史知识，这些都需要学生大胆创新创意，只有这样才能培养创新能力。

（四）合作能力、活动能力的养成

随着现代化生产水平的提高，社会对职业要求也越来越高，最直接的反应是对岗位的要求提高，需要从业者具备较强的专业能力及综合素质。其中就包括合作能力及活动能力。大学生虽然在校内以学习知识为主，但合作与活动的能力也要有意识地培养。

当代大学生多是独生子女，父母长辈加倍疼爱，所以在合作、分享上较差，

---

⑫ 任平，孙文云. 现代教育学概论 [M]. 广州：暨南大学出版社，2013:36.

有的学生唯我独尊，自私自利；处在竞争激烈的社会中，有的学生认为合作与竞争本身就是互相矛盾的，所以与学生的协作能力较差。这些习惯与认识需要扭转，教师在研究性教学开展的过程中，需要有意识地引导学生养成合作精神，与学生建立起协作互助的模式。教师不仅要开展学生与学生之间的协作关系，还要注重小组与小组之间的协作关系，引导学生按照既定的问题，探索合作新模式，共同实现问题的解决。“纲要”教学中要渗透对学生合作能力，创造有利的条件供学生合作与学习，为学生的合作能力的培养提供一定的环境基础。

进行合作学习时，要循着这些原则进行：

1. 自由组合

自由组合是学生自愿组成的小组，自由组合有助于学生发挥自己的特长，实现小组内的合作与分工，各成员在小组内可以取长补短，很好地实现协作。自由组合还能创造良好的小组氛围，增进学生之间的感情，促进高效实践。

2. 掌握合作技巧

合作是一门艺术，合作融洽则提升学习效率，所以教师要引导学生了解合作的重要性，引导学生掌握合作的技巧。“纲要”研究性学习过程中，通过合作激发学生学习“纲要”的动力，真正从合作中解决问题，从合作中提升自己的能力。

活动能力考查的是学生在实践中的能力，包括动手能力、应变能力、变通能力等。动手能力考查学生运用知识指导实践的能力，具有很强的操作性。应变能力，考查学生临场应变能力，面对困难时能临危不惧、知难而进的能力。变通能力，指在活动中，因客观原因导致的计划发生变化，需要根据具体情况进行调整，以适应最新的变化，确保计划顺利实施。所以“纲要”研究性学习要将学生的活动能力的培养放在重要的地位，用于解决当下的学习以及指导未来的社会实践。

（五）民族自豪感、自信心、爱国主义精神与社会责任感的养成

1. 民族自豪感、自信心的养成

中华文明之所以绵延不绝，是因为中华民族自豪感、自信心鼓舞人们在不同时代绽放光彩。民族自豪感、自信心是发自内心地对本民族的历史、文化、信仰的认同，热爱自己的家乡、民族、祖国，热爱本民族的风俗、语言、历史、文字。“纲要”研究性教学目的在于引导学生从历史中体会中华民族面对鸦片战争之后积贫积弱的状态的坚强不屈、勇于探索的勇气。

2. 爱国主义精神的养成

中国近现代史一百七十多年的历史，涌现出许多英雄人物，前有虎门销烟林则徐，戊戌变法六君子，后有狼牙山五壮士、时代先锋雷锋。他们身上有着中华民族的独特气质——充满自信、勇于斗争、不屈不挠，他们在强权、危险面前毫不畏惧，拥有大无畏的献身精神，充分体现了中华民族的高风亮节与斗争精神。

“纲要”研究性教学致力于了解历史事实本身的同时，探索历史事件及历史人物背后的一些故事，了解在时代大背景下的历史人物的思想、胸怀与气度，感受他们的人格魅力，激发学生的感情共鸣，自觉热爱祖国，为社会主义现代化奋斗。

3. 社会责任感的养成

除了强调爱国主义精神，“纲要”研究性教学还重在培养学生的社会责任感。社会责任感是大学生需要履行的义务，责任感是大学生走向社会时必备的素养，“对学生而言，加强责任教育，培养责任心，是保障他们顺利走上社会，实现人生价值的重要条件，是促进其健康成长，完善道德素养的内在驱动力”[13]，大学生要增强责任感，培养对社会负责，对他人负责的责任意识，自觉肩负起建设社会主义现代化建设的责任。

当前大学生多数思想纯正、积极向上，富有同情心，具备正义感，是建设社会主义现代化的合格人才。但也有少数大学生缺乏责任感，呈现出较强的功利倾向，主要表现在集体意识差，自私自利，缺乏社会责任感等。“纲要”作为一项思想政治教育课，对大学生的政治思想有着重要的影响。所以，培养大学生的民族自豪感、自信心、爱国主义精神与社会责任感非常必要。

民族自豪感、自信心、爱国主义精神与社会责任感的养成，属于大学生精神方面的素质培养，是学习“纲要”的最终目标。大学生作为高校培养的高级人才，要求具备专业知识的同时，也需要具备较高的素质，这直接关系到国家的前途与命运。“纲要”研究性学习以研究者的姿态深入“纲要”内容，使得大学生从中获得历史教训与历史经验，以此来指导自己的社会主义实践，为学生树立正确的人生观、价值观，养成民族自豪感、自信心奠定了基础。

二、“纲要”研究性教学的原则

传统教学方法及教学原则不能适应研究性教学，结合多年的探索经验，总

⑬ 任平，孙文云. 现代教育学概论 [M]. 广州：暨南大学出版社，2013:182.

结出以下五大原则，如图 7-4。

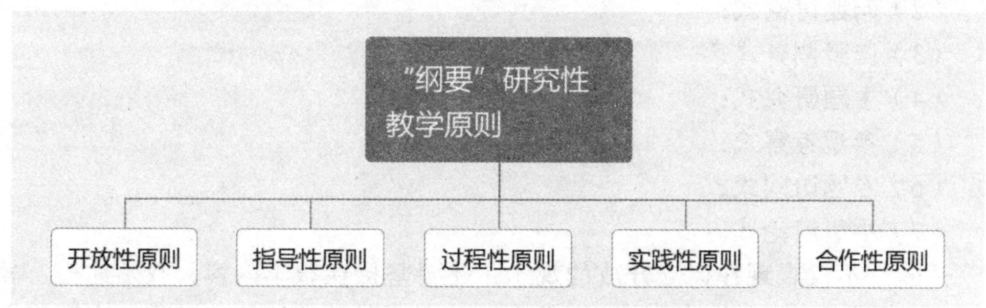

图 7-4　“纲要”研究性教学原则

（一）开放性原则

“纲要”研究性教学在开展过程中要坚持开放性原则，开放性原则是相对于封闭式而言的，开放体现的是灵活、灵动，随着教学的变化而变化，具有开放的性质，容易形成活跃的教学气氛。

“纲要”研究性教学是一个开放性的研究活动，包含了三个方面的意义：

1.“纲要”研究性教学的环境基础需要开放

“纲要”研究性教学的环境基础分为人文环境与时空环境。所谓开放式的人文环境的营造，即教师要塑造一个开放型的、富有创意的环境，在这一环境中，学生能自由思考，大胆创新，充分发挥主体性，探索“纲要”教学的基础知识与深层内涵，激发学生的热情，主动投入“纲要”研究性学习中。开放式的时空环境，指的是打破课堂时间限制，打破书本的空间限制，拓展“纲要”的时空展现。一些在课堂上无法延展的内容，可以在课下延伸，通过查阅资料、实地考察等方式，实现“纲要”的时空的开放性。学生在课下的延伸是对“纲要”知识的细化与深入了解，有利于学生各种能力的培养，具有积极的意义。

2.“纲要”研究性教学的知识系统需要开放

当代“纲要”研究性教学的开展方式多样，其对知识的把握不再拘泥于书本知识，而是拓展到更为广泛的空间，注重各个学科间的联系。利用现代信息技术，实现获取知识的新途径，大大方便了资料的搜集。

3.“纲要”研究性教学的研究形式需要开放

“纲要”研究性教学的开发性体现在教学的开展方式并非一成不变的，而是随着教学内容的变化发生变化，教师通常根据教学内容，选择相应的教学形式。常见的教学形式有以下几种：

（1）项目合作式；

（2）问题讨论式；

（3）田野调查式；

（4）主题研究式；

（5）参观考察式；

（6）专题访问式；

（7）小组辩论式。

开放，不仅表现在树立开放的观念，还要坚持在教学内容、教学途径、教学方法上保持开放，将开放性原则贯穿于“纲要”教学的整个过程，实现跨学科的关联，找到符合时代发展的新的创新点，实现“纲要”教学的创新发展。

（二）指导性原则

指导性原则突出的是教师的指导作用，教师指导学生通过学习课本知识，搜集辅助资料，并进一步进行整合操作，通过分析、思考、启发、合作等形式，获得知识与能力的过程。“纲要”研究性教学要遵循的指导性原则主要表现在两个方面：

其一，教师在知识的选择、活动的设计上起着决定作用，通过行使引导者、组织者、实施者的角色，来指导学生的学习活动。传统的教学课堂注重知识的学习，采取“填鸭式”的方式，造成学生在能力上的不足。而遵循指导性原则，就要改变传统的教学模式：将“填鸭式”改为“提问式”，将教师的“一家言”改为师生互动的“集体言”。教师不再一家独大，而是营造开放式的教学情境，教师在其中充当引导者角色，学生在其中发挥主体性作用，从发现问题到提出问题，再到解决问题，最后得出结论。这一转变打破了传统教学模式，开启新式教学模式，教师与学生在这样的环境下一方积极引导，提供解决问题的方向，一方积极实践，努力找寻答案，实现了“纲要”教学效率的全面提升，且师生在如此融洽的关系中更能有所创新。

其二，教师还需要培养学生的能力，尤其是创新能力的培养。与创新能力对应的是大学生的主体地位，两者之间有密切的关系。一方面，主体地位是创新能力生成的基础；另一方面，创新能力进一步彰显主体地位。在“纲要”研究性教学过程中，要强调学生的主体地位，主体性地位的确定，有利于学生发挥主观能动性，大胆创造，实现创新意识及创新能力的培养。

教师要注重将历史事件与当下大学生联系起来，这样才能激发大学生的热情。例如，学生的爱国运动基本上贯穿于整个中国近代史，学生的爱国力量成为反帝反封建以及新民主主义革命的重要组成部分。青年学生是热血爱国青年，当中华民族面临危急时刻，学生总能自发组成团体行动起来，表现出强烈的爱国主义精神与社会责任感。当代学生在学到“纲要”相关的学生运动时，可以将班级分为若干个小组进行讨论，如讲到五四运动时，小组就五四运动的背景、过程、结果等进行调研，之后形成 PPT、论文等成果展示。在课堂讨论过程中，教师可以引导学生就五四运动的精神、五四爱国主义青年的精神、当代大学生应当怎样继承与发扬等主题进行生发，得出创新性结论。

（三）过程性原则

过程是相对于结果而言，在“纲要”教学中，过程性原则强调的是教学必须渗透于知识的发生、发展、认知形成的全过程，大学生需要全程参与其中，并养成自主学习、自主探索的能力。教育的过程就是教给学生、教会学生已有的知识与理论，促进学生知识的转化能力，能将所学的专业知识转化为实践能力，所以学生获取知识的过程其实质就是对知识的认识与创新转化的过程。所以，“纲要”教学过程中需要坚持过程性原则，教学活动中要完善教学研究的过程，在过程中培养学生良好的思想政治素质，促进大学生身心的健康发展。

对于“纲要”的过程性教学，需要围绕学生的创新来展开，将创新理念涵盖在知识获得、问题提出、问题讨论、实践过程、思维拓展、情感生成等过程中，以此来培养学生的创新创造能力。

1. “纲要”研究性教学过程性教学的组成

在实施过程性教学时，应当解决好“纲要”教学的实施过程及“纲要”教学的管理过程，如图 7-5。

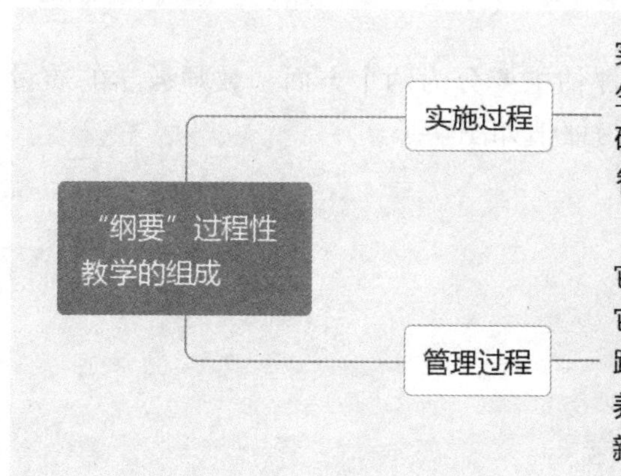

图 7-5　“纲要”过程性教学的组成

2.“纲要”研究性教学过程性教学的科学化管理

近年来，管理学发展迅速，并运用到各个领域中，管理学已经成为促进产业调整，推动生产力发展的关键因素。管理学运用于“纲要”教学中，实现了“纲要”教学的科学化，促进教学效率的明显提升。对“纲要”教学过程实施科学化管理的途径可以从以下几点展开：

其一，做好“纲要”教学研究的运作管理。

运作管理是管理活动的核心部分，包括组织管理、行政管理两个方面。组织管理遵循“以教师为主导，以学生为主体、师生相互配合”的宗旨；行政管理则是以教研组为主体进行的行政管理。运作管理过程中，教学的主要内容有：

组织“纲要”教师开展教材及参考书目的筛选；

“纲要”教师依据现实情况，确定教学内容、教学难点、教学重点；

“纲要”教师加强对“纲要”教学的研究，训练学生的思维。

在实施运作管理时，合理的参考书目，有利于经验总结与交流，及时调整适合教学的策略。教师在教学中，可以根据教学点具体内容设定不同的研究主题，组织学生进行探索式研究，教师在其间要发挥好引导作用，不断发现问题、解决问题，从教学中获得解决问题的能力及方法，培养学生的自信。

其二，做好“纲要”教学研究的质量管理与评估。

质量管理与评估是检验管理成果的重要途径，质量管理，需要对影响教学研究质量的各个因素全部考虑进去，而不是只依靠考试成绩来衡量教学质量。做好“纲要”教学研究的质量管理与评估，需要不断改善教学的内部因素与外部因素，打通内外因素，实现两大因素共同促进研究质量的提升。内部因素主要包括教师、学生、教学条件、教学环境；外部因素主要包括国家出台的相关政策与方针。

“纲要”教学研究的质量管理与评估主要分为两个方面，教师教学的质量管理与评估、大学生学习的质量管理与评估如图 7-6。

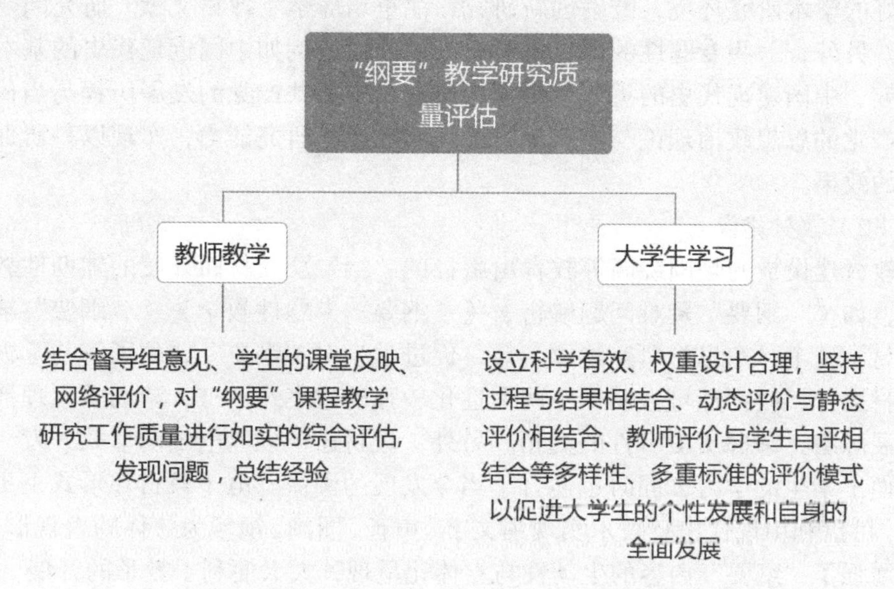

图 7-6　“纲要”教学研究的质量评估的内容

尤其对大学生学习研究活动质量的评估，需要改变传统的“终结性评价”，在第三章第四节的“纲要”课程考核方式中也介绍了“纲要”教学的考核方式，实现了过程评价与结果评价的相互衔接。如将学生的平时表现与期末成绩结合在一起进行考核正是体现了过程性的有效考核方式。随着教学实践的开展，教学评估也建立起了较为完善的考试工作流程，通常由教研组通过讨论确定考试的题型、题量，“纲要”任课教师轮流出题，在考试过程中，严把考试规范，考试完成之后进行必要的试卷分析，同时还要做好学期考试总结等。

3. 做好“纲要”教学研究的基础建设

基础建设包括学科建设、教材建设、课程建设、师资建设、学风建设等，这些都是教学开展的必要建设，“纲要”教学研究也要从这些方面切入。

（1）学科建设。

“纲要”属于马克思主义理论的一级学科，是为了加强大学生思想政治教育而开设的课程，在学科建设上要注重区分不同层次的学生的差异，一般来说，学科的建设需要区分大学生与研究生，大学生的“纲要”学科建设应当以提升大学生的知识面与综合素质为主，要创新教学模式，培养学生的多项技能。研究生的“纲要”学科建设要注重研究能力的培养。在构建过程中，学校应当创设良好的学术研究环境，鼓励创新研究，注重培养学生搜集文献、研究问题的能力。另外，一些专题性的课程也可以尝试开设，例如中国近现代史的基本问题研究、中国建现代史的重要历史人物研究、中国共产党的发展历程与当代中国共产党的思想政治理论与实践等，增强研究生的研究能力，实现以科研促进教学的效果。

（2）教材建设。

教材建设指的是围绕高等教育出版社的“纲要”教材而开发的辅助性教学材料，如《“纲要”疑难问题解析》《“纲要”专题性教学》《“纲要”辅助性教材》《毛泽东思想研究述评》等，促进学生对“纲要”课的了解与掌握。除教材之外，教师还可以制作一些个性化较强的教案及PPT，帮助学生理清历史发展脉络，掌握历史事件的真相。另外，教材还可以以电子的形式开发，大大方便了学生的学习，同时也迎合了当今发展的潮流。电子教材在形式上更加灵活，可以利用现代信息技术实现集文字、声音、图画、视频为一体的表现形式，大大增强了“纲要”内容的生动性与立体化呈现，大大便利了教学的开展。

（3）课程建设。

课程建设涵盖三个方面的内容：

其一，教师在国家级、省级精品课程的框架主导下，结合自身教学实践总结出精华内容，编写具有个性化的研究性教学内容，并且编辑成册，方便教师们交流与学习。

其二，加快网络课程的构建，促进网络研究平台、网络教学平台的实施与建设，完善各类的上网资源，为师生进行研究性学习奠定基础。

其三，要在规定的课时内，完成“纲要”整体性教学的要求。“纲要”内容分为旧民主主义革命时期、新民主主义革命时期、新中国成立以后的历史时期，在有限的教学时间内，需要掌控各段的时间，合理安排内容，体现历史发展的整体性。

（4）师资建设。

教师队伍的素质的高低直接影响着能否培养出合格的社会主义接班人，所以，加强教师队伍建设也是做好“纲要”教学研究的基础建设的重要内容。要提高“纲要”教师队伍的整体水平，将师资队伍的建设作为学科建设的主要任务来抓，要提升“纲要”教师队伍的专业水平与实践能力，尤其要重点培养中青年骨干教师的教学能力，促进“纲要”教学的与时俱进。

对于“纲要”师资建设，可以从两方面着手：

其一，实施“传帮带”的优良传统。

“传帮带”指的是由经验老到、学术造诣高的教师指导青年教师，使他们能迅速适应“纲要”教学，促进其教学质量的提升。学校可以定时组织“纲要”教师的培训，由一些经验丰富的教师为青年老师培训，促进青年教师在专业知识与专业能力上有所提升。

其二，加强与兄弟院校之间的“纲要”教学的交流。

本着“取长补短，共同提高”的原则，兄弟院校之间要经常开展教学研究交流活动，通过交流实现思想的碰撞，促进学科的发展。另外，高校还应当定期邀请一些历史专家或学者来学校做讲座，提升学科前沿性的敏锐感。高校还应当定期派老师外出参观学习，通过培训、进修的方式，加大学科的构建力度，也使得教师在内外因素的影响下，坚定学科研究的信念，创新学科教学方式，为教学贡献更多的力量。

（5）学风建设

学风建设虽然是一个抽象的概念，但仍然可以量化管理，其表现形式是将规章制度细化，通过制定管理方案来约束学生的一些不良行为，如迟到、早退、旷课、上课时间玩手机等，制定细化的管理方案的为了加强学生的纪律管理，督促学生认真学习，养成良好的习惯。

（四）实践性原则

实践性原则是按照理论联系实际展开，教师只有在实践中才能检验教学成果，学生只有在实践中才能获得感性知识与理性知识，实现理论向实践的转化。所以，实践性原则包括两方面的内容，即教师的“教”及学生的“学”（见图7-7）。归纳起来，实践性教学既是巩固理论知识的过程，也是培养创新人才，培养创新意识的环节。

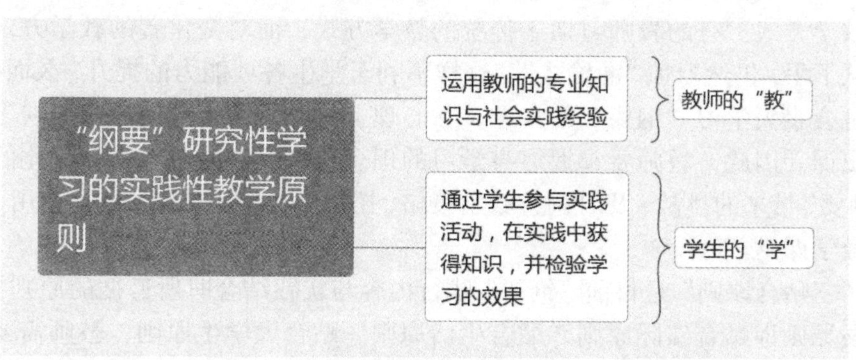

图 7-7 “纲要”研究性学习的实践性教学原则

结合当代背景，未来是一个富于创造的时代，所以高校要培养学生的创造能力与创新能力，为社会提供更多具有自主创新能力的人才，在培养人才上，必须形成高校、教师、学生三方的观念的转变，融合三方力量转变观念，培养专业知识好、实践能力强的合格的社会主义接班人。

1. 高校层面

管理者在抓学校发展与经济效益的同时，还要注重学校校风、学风的构建，为大学生的身心健康发展提供良好的环境。校风、学风的构建要上升到国家软实力构建、文化自信上，加强“纲要”、政治理论方面的学习。对于“纲要”的实践，高校可以从以下几个方面切入：

（1）加大课程构建的力度，投入人力、物力、财力，打通渠道，统筹思想政治教育阵地；

（2）创建不同形式、长期稳定的校外实践基地，实现校内与校外资源的整合；

（3）形成教研部门、学工团委、教务、党务宣传部门为一体的“纲要”社会实践组织平台，调动教师与学生的积极性。

（4）实践活动纳入高校的制度化建设，纳入日常的管理之中，保障实践活动的正常运转。

学校管理者关系到学校的方向性发展，具有重要的作用。通过强化实践，高校可以为社会培养出政治素质强、实践能力强、业务适应性强的综合性人才。

2. 教师层面

“纲要”教师在实践教学中担当的角色是“宏观调控者”，即教师需要保障学生实践项目的方向性，及时引导，适时解决问题。尤其对于信息化程度高的今天，“纲要”教学必须结合时代性，适时调整教学目标，灵活掌控教学内容及教学方式。有的教师习惯于传统的教学方式，面对变化着的教学方式，感到无从下手，仍然习惯“灌输式”，这样不利于学生各项能力的提升，久而久之，学生也会丧失学习“纲要”的兴趣，在心理上认为“纲要”就是一门缺乏乐趣的历史课。因此，教师要掌握终身学习的理念与技能，能应对不断变化的时代对“纲要”带来的挑战，及时调整教学策略，挖掘多种资源优势，整合运用于“纲要”教学课堂。

“三贴合原则”是目前“纲要”践行内容与实践结合时所遵循的原则，“三贴合”原则即贴合实际原则、贴合生活原则、贴合大学生原则，教师需要引导学生通过所学的理论去指导实践生活，通过实践所得的成果验证理论，实现理论与实践的结合。

在具体的实践指导上，教师需要将实践教学运用于课堂和课外两个方面：

（1）教师要根据课堂教学目标，设计课堂实践活动。

课堂教学除了课堂理论教学之外，还要组织多样化的课堂实践教学，丰富理论教学的内涵，还有助于学生能力的提升。开展课堂实践活动可以开展以下实践教学：

① 可以在讲授理论的时候适当地欣赏一些与历史事件、历史人物相关的电影，从影视作品中学到历史规律；

②可以开展专门的辩论赛、演讲赛、专题研究、情景剧等；

③就当下社会的热点进行实践教学，锻炼学生分析问题的能力。

（2）教师根据教学目标与任务，组织课外实践活动。

一方面，高校通过资源整合，建立校外实践基地，大大拓展了学生的实践范围；另一方面，教师也可以组织学生到历史博物馆、档案馆、革命纪念地进行校外实践，进行爱国主义教育。

例如讲到日本发动侵华战争，在统治区实施残暴行径这一段历史，南京的高校可以组织学生到侵华日军南京大屠杀遇难同胞纪念馆实地参观，当看到这些历史真相之后，加深对这段历史的认识。

3. 学生层面

学校、教师的实践活动以外，学生也应当参加自主实践的活动。对于大学生来说，认识社会、了解国情的渠道很多，利用周末、节假日时间，可以到全国各地的博物馆、纪念馆、革命遗址、名人故居等地方参观，收集资料。

其一，教师可以在指导学生课外实践中，选定一些有意义的研究课题供学生参考，学生根据选择的课题，进一步搜集与整合资料，实现有意义的实践教学。

其二，除了特定选题之外，学生可以结合自己的兴趣点对“纲要”相关内容进行拓展研究。兴趣是最好的老师，兴趣可以激发学生的积极性，主动提出问题、解决问题，朝着知识的深度发展。学生可以将现有的资源整合利用，先利用互联网资源找到相关的探索方向，之后按照线索进行实践，也可以寻问教师。总之，“纸上得来终觉浅，绝知此事要躬行”，正是道出了实践的重要性，在学习中，学生要积极实践，不仅将实践当成学习目标来完成，更要当成习惯来拓展获取知识的途径。

（五）合作性原则

合作性原则主要依据个体间存在的差异性，通过团体之间的分工协作，共同解决实际问题，从而达到预期的效果。传统的教学方式主要采取的是“布道式”的教学方式，这样的教学方式在今天明显不适应，合作性原则就是在尊重差异的基础上，平等协作，并将协作的精神贯穿于整个教育研究之中。在教学研究活动中，教师与学生之间需要协作，学生与学生之间需要协作，两者同步于教学资料的收集、问题的提出、问题的解决、经验的交流、教学的评价过程，在这样的环境下教师教得顺畅，学生学得高效，大大提升了教学的效率。

合作性原则的利用对“纲要”教学有积极的作用，但也会有问题产生，如为合作而合作，忽略实际情况；分组不够合理，分工也不够明确；课堂上留有教研的时间明显不足等。为了避免以上问题，需要根据问题实施针对性解决措施，如图 7-8。

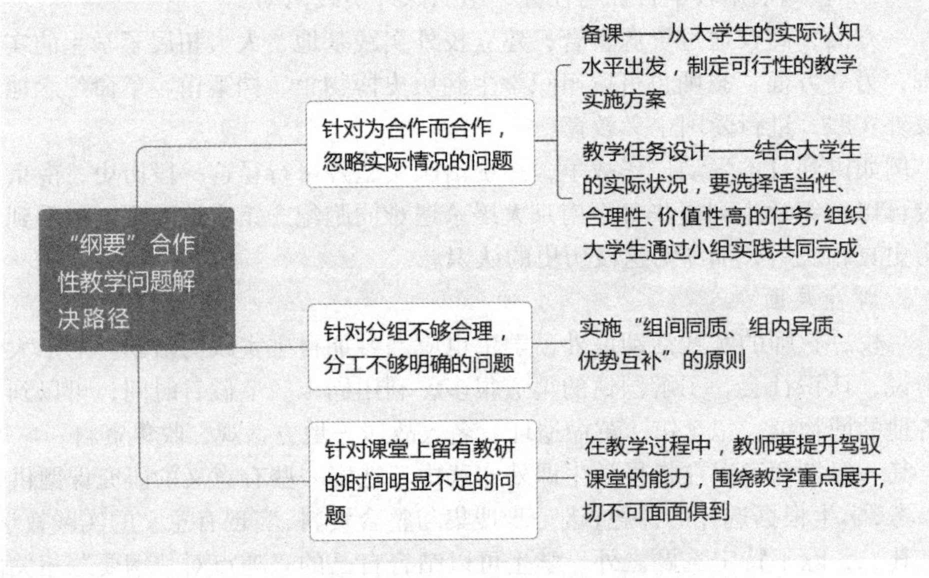

图 7-8 “纲要”合作性教学问题解决路径

1. 针对为合作而合作，忽略实际情况的问题

教师可以从备课、教学任务设计上下功夫：

（1）备课。

备课的过程也是了解学生认知规律与心理特征的过程。要从大学生的实际认知水平出发，制定可行性的教学实施方案，这样才能保证教学内容与形式上的统一。

（2）教学任务设计。

“纲要”教学任务设计非常重要，关乎能否激发学生的兴趣，能否真正实现合作性教学，所以教师需要花费时间精心设计教学研究任务。结合大学生的实际状况，要选择适当性、合理性、价值性高的任务，组织大学生通过小组实践共同完成。除了与教学主题相关外，还要有一定的实践意义，帮助学生培养实践能力与解决问题的能力，提高合作教学的实效性。

2. 针对分组不够合理，分工不够明确的问题

教师可以在组织教学时实施“组间同质、组内异质、优势互补”的原则，所谓“组间同质、组内异质、优势互补”指的是教师要充分尊重学生的个体差异性，同时利用个体差异来组建小组，实现学生各个能力的互补，这在一定程度上实现了资源的优势互补，组内通过协作，促进学生能力的提升。在小组协作的过程中要注重挖掘能力强的学生的组织能力，可以挑选能力强的学生担任小组组长，负责小组活动的统筹与分工。因为小组活动重在全体成员的参与，而非少数学生的活动，所以合作性教学能提升不同能力水平的学生，实现全体学生的学习效率的提升。

3. 针对课堂上留有教研的时间明显不足的问题

在教学过程中，教师要提升驾驭课堂的能力，围绕教学重点展开，切不可面面俱到，形成课堂的灵活而不杂乱的课堂气氛，最终按照教师计划的课堂教学进度进行。对于课堂上无法解决的问题也可以适当延伸到课下，组织学生进行课下学习交流与研究。

第三节 “纲要”研究性教学的实施路径

“纲要”研究性教学的实施主要分为四个阶段，其流程如图 7–9。研究性教学与专题教学的研究步骤大体相同，但又有所不同，研究性教学是站在宏观的角度来关照“纲要”学科的教学方式，从整体上把握“纲要”的学习方式，即实现传统的灌输式教学向研究性教学的过渡。以下就“纲要”研究性教学的各个步骤进行详细论述。

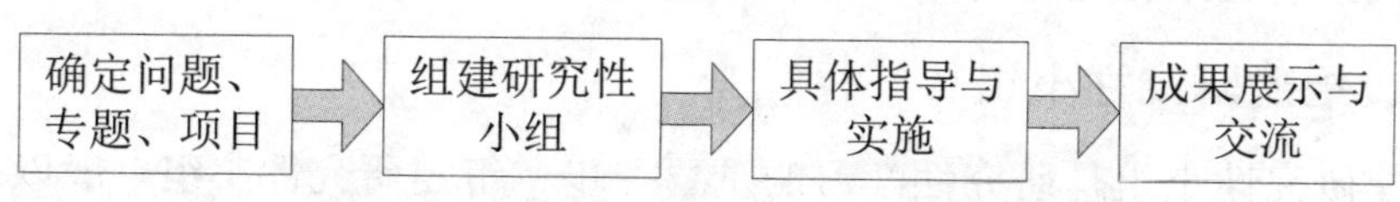

图 7–9 “纲要”研究性教学的实施阶段

一、确定问题、专题、项目

开展研究性教学首先要从“研究什么”出发，这是开展研究性教学的起点。问题、专题、项目设计时，首先要符合问题的情境性。所谓情境性，就是发生在社会情境下的真实问题，能调动学生参与到研究性学习中去。具有情境性的问题、专题、项目更能激发学生的情感共鸣，表现出极大的热情。其次，所构建的问题、专题、项目等需要有一定的价值，体现了价值性特征。价值性一方面包括有意义，另一方面包括有意思，在有意义的基础上去做有意思的事，大大提升了“纲要”教学效率。在实践过程中，教师与学生之间就知识储备与能力方面存在着较大差异，需要就问题、专题、项目达成一致。

就问题、专题、项目来划分，又可以划分为学习性内容与科研性内容两个部分。学习性内容主要涉及知识面的拓展，偏重于知识表层认识，重要范围上的扩展；科研性内容，偏向于深入研究，属于高一层次的学习，引导学生跟踪学科发展前沿动向，学生能在研究中得到新的、创造性的学习内容。当前研究性内容的实践的占比较低，多数由教师制定，其次是教师、学生商讨制定，学生独立制定的比例较低，需要大力发展。

对于问题、专题、项目的选择，应当从以下几个方面着手：

（1）要具备广度与深度，选择的内容涵盖在“纲要”教材范围；

（2）不仅要紧扣历史重要事件，还要紧扣思想政治的主题；

（3）所选择的内容要与学生的认知水平相适应；

（4）. 所选择的内容要有具体性，而不是抽象性；

（5）内容要与教学目标、教学任务一致。

在确定研究内容的过程中，要充分体现教师的主导性与学生的主体性，教师在研究性教学中，指导学生围绕“纲要”的一些内容，提出问题、分析问题、解决问题，在学习的过程中，始终以研究贯穿其中。专题讨论时，要突出不同观点的历史依据，做到有理有据；辩论时，要尽可能多地搜集历史材料，扩充历史观点，得出独特的历史视角；撰写研究报告时，要秉持研究者的身份深入研究，通过专业性的报告，彰显内容的学术性；此外，在搜集第一手历史资料和历史档案、运用历史分析方法分析问题时，都要有研究意识。

二、组建研究性小组

组建研究性小组是研究性学习的重要一步，组建研究性小组一般以班为单位进行，每个班分为若干小组，每组的人数在 8—10 人，分组时按照自愿组团的形式，组内男女同学搭配，有利于角色扮演。每组中安排一名组织能力强的同学，一名制作视频能力强的学生，方便组内计划的统筹与实施。成立小组的任务紧迫，一般在开学的第二周就要确定下来。

研究性小组内成员需要具备良好的沟通能力以及较强的合作意识，这是保证研究性小组顺利开展问题研究的关键。另外要发挥好组长的组织能力与协作能力，组织能力表现在针对问题解决的步骤，制订合理的实践计划，调动组内成员的积极性，挖掘组内成员的优秀品质，并充分利用，加快任务的开展。组长的协调能力也非常重要，组长不仅要加强与组员之间的沟通，还要鼓励组员之间充分沟通，定期组织头脑风暴，解决实践过程中遇到的难题。

研究性小组的合作应当是解决问题的关键，其意义在于：

（1）围绕“纲要”的问题、专题、项目等进行讨论，加强小组间、小组成员间思想上的碰撞，使得在小组探讨中，集思广益，生成更多的知识与问题、专题、项目的联系，激活学生的知识储备，促进“纲要”教学学习效率的提升。

（2）促进“纲要”学习的反思、评价。小组合作讨论是学生思想、感情的外化，学生在交流的过程中，进一步明确了“纲要”的主线与性质，在合作的环境下，学生可以主动参与，积极探索，获得解决问题的方法和技巧。因此，教师在“纲要”研究型教学过程中，要创设尽可能丰富的研究性客体，引导全体学生参与到课堂讨论、小组讨论中去，加强各学生之间的交流，产生多层次的理解，从而获得新的知识与能力方面的构建。

三、具体指导与实施

具体指导与实践是研究性学习的中心阶段，这一阶段形成较为完善的研究方案，小组内各成员完成了分工，开始搜集资料，整合资料、讨论交流、解决问题，在这一过程中，学生需要发挥自己的主观能动性，自主思考、自主创新、自主设计，将个人的想法付诸实践，以获得预想的效果。

这一阶段学生实践的特征充分体现了“教会学生学习”的理念。1972 年，联合国教科文组织的《学会生存》报告中提到了“教会学生学习”的理念，学生在学习的过程中，不仅要掌握系统的知识体系，还要养成独立学习的能力。大学生一定要培养自己的自主学习的能力，有了自主性，在之后的生活与工作中，就能从容应对人生的各种挑战。“纲要”研究性学习的小组实践能帮助学生培养自学能力，养成搜集资料能力、解决问题能力以及独立自主的能力，促进学生终身学习理念的形成。

教师需要将指导贯穿于“纲要”教学的整个过程中，只有经过教师的精心指导，学生的研究才具有目的性与方向性，提升学生学习的进度。

一般来说，教师的指导内容包括：

（1）提升学生对问题、专题、项目的背景及意义的认识；

（2）指导学生组建小组，确定小组组长；

（3）提供各种技术上的指导，如学生查阅资料的方法、分析资料的维度、指导课题框架等，指导学生实施项目研究、指导学生利用互联网进行研究性学习等。

从“纲要”小组工作的过程来看，教师应当指导小组组长进行两项工作，第一项是小组组长按照每个学生的实际情况进行分工，包括搜集文字、图片、视频材料，准备道具，上网查阅等。学生通过实践，对相关的学习内容有了进一步细化的理解，有利于学生选出最优的资料来辅助接下来的研究环节。第二项工作是召开小组研讨会，在组内就问题充分讨论，将整理的材料充分整合，获得最终结论。在讨论过程中，要挖掘与欣赏各个学生身上的优点，求同存异，最终形成系统性、完整性的教学成果，推动“纲要”教学的现代性。

教师的指导在学生的研究性学习中扮演着重要的角色，能及时解决学生的疑惑，指导学生探索研究的方向。以下列举教师在微电影、话剧中的指导举措，以了解教师在研究性学习中的主导作用。

微电影的指导，需要学生沿着以下要求进行：

（1）确保剧情完整，符合事物发展的过程；

（2）妆容要求；

（3）台词设计；

（4）舞台幽默感；

（5）道具准备；

（6）录音指导；

（7）字幕制作；

（8）剪辑指导；

（9）微电影时间把控，时间把握在 15 分钟左右。

话剧的设计，需要学生做到以下几点：

（1）设计的幕数为 6-8 幕；

（2）指导话剧的剧情安排；

（3）指导舞台氛围；

（4）演员的台词背诵；

（5）道具准备；

（6）指导台词；

（7）话剧剧长 15 分钟左右。

教师虽然不直接参与小组研究性学习，但要了解学生的进展情况，及时提出合理性意见。教师的指导可以为学生的研究学习指明方向，有利于提升研究质量。

这样一来，“纲要”课教学目标不再是传统的以传授知识为主，而是引导学生，使学生在教师创设的情境中去发现与探索历史，并在实践的基础上发现历史，创新历史。研究性学习是学生从事科研工作的开端，虽然不是真正的学者那样深入研究与探索，但其所拥有的能力是相同的，需要有较强的问题意识，需要以实事求是的态度、一丝不苟的科学态度来探索未知领域。无疑，“纲要”研究性教学促进了学生学习“纲要”的热情，培养了学生的研究问题的能力。

而在研究性学习的主导下，教学的形式发生了根本性的变化，也促进了新型的师生关系的确立，促进新型的教学方式的生成。新型的师生关系之间不再是灌输与被灌输的关系，而是双向、互动、平等的关系，教师引导，学生自主探索，教师与学生之间相互信任、互相学习、互相交流，从而获得双向的提高。新型的教学方式，迎合了当下高校的发展要求，迎合了时代人才培养的理念，学生在研究性学习下更能实现自我价值，从而为社会主义建设贡献自己的力量。

四、成果展示与交流

成果展示与交流是“纲要”研究性学习的第四个阶段，成果的展示与交流首先通过展示与交流的形式，得出最优的研究结果，有利于提升问题、专题、项目研究的质量；其次，通过成果的展示与交流，实现各种研究成果的共享；最后，通过展示与交流，锻炼了学生的语言能力、逻辑能力、临场发挥能力等。

（一）“纲要”研究性教学的成果展示与交流的流程，如图 7-10。

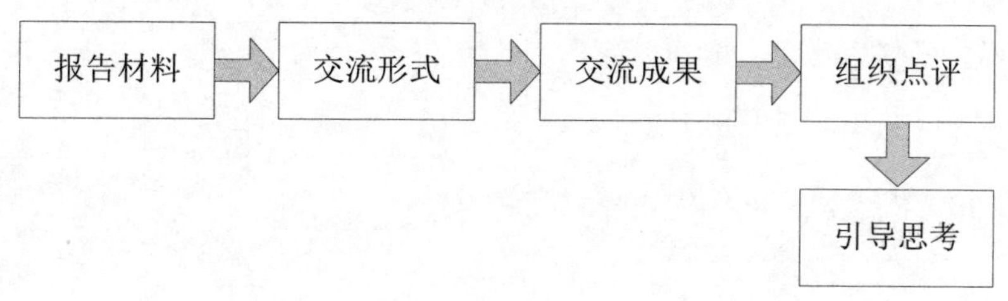

图 7-10　成果展示与交流的流程

1. 报告材料

即学生通过搜集资料得到的书面的、口头的报告形式，学生根据内容的特征制成汇报内容，包括手抄报、PPT、话剧、微电影等。

2. 交流形式

做好前期的策划工作，包括方案设计、角色分工、汇报流程等。

3. 交流成果

在课堂上，小组选派一个代表或数个代表进行展示，并针对提问进行解答。

4. 组织点评

教师就交流的成果进行点评，点评的同时还可以就学生的成果展示进行评价，分为教师评价与学生的自我评价两种，其标准与分值占比可以见附录，这里不再展开论述。教师不仅要点评成果的质量，还要注重对学生的研究态度的肯定。

5. 引导思考

这一阶段的为了将学生引向深一层次的认识，教师的点评非常重要，直接影响着学生今后的研究性学习。教师对学生的成果既要给予充分的肯定，也要指出其中存在的问题，并且给出可行性意见，指导他们进一步学习和研究。

附录

1. “纲要”研究性教学成果评价表

<table>
<tr><td>课题名称</td><td colspan="4"></td></tr>
<tr><td>小组成员</td><td colspan="4"></td></tr>
<tr><td>指导老师</td><td colspan="4"></td></tr>
<tr><td rowspan="2">评价指标</td><td rowspan="2">评价内容</td><td colspan="3">评价结果</td></tr>
<tr><td>自评</td><td>师评</td><td>总评</td></tr>
<tr><td rowspan="2">选题能力
（10分）</td><td>课题的研究价值及科学性（5分）</td><td></td><td></td><td></td></tr>
<tr><td>课题的研究的可行性（5分）</td><td></td><td></td><td></td></tr>
<tr><td rowspan="3">研究态度
（30分）</td><td>活动过程中的投入积极性和研究热情（10分）</td><td></td><td></td><td></td></tr>
<tr><td>研究过程中的学习心态和探索精神（10分）</td><td></td><td></td><td></td></tr>
<tr><td>克服困难和团队合作精神（10分）</td><td></td><td></td><td></td></tr>
<tr><td rowspan="3">研究能力
（30分）</td><td>收集和加工信息的能力（ 10分）</td><td></td><td></td><td></td></tr>
<tr><td>发现、分析、解决问题的能力（10分）</td><td></td><td></td><td></td></tr>
<tr><td>整理和撰写研究材料的能力（10分）</td><td></td><td></td><td></td></tr>
<tr><td rowspan="3">成果状况
（30分）</td><td>研究结果有一定的实用价值或参考价值(10分)</td><td></td><td></td><td></td></tr>
<tr><td>成果呈现有规范的表达形式（10分）</td><td></td><td></td><td></td></tr>
<tr><td>有研究过程记录、研究参考资料档案（10分）</td><td></td><td></td><td></td></tr>
<tr><td>描述性评价</td><td colspan="4"></td></tr>
<tr><td>综合评定
等级</td><td colspan="4">指导老师签名：</td></tr>
</table>

2. 研究性学习自我评价表

班级	姓名	课程名称	指导老师

序号	评价内容	描述性评价
1	对研究的课题的感兴趣程度?	
2	是否积极参加了小组活动?	
3	与小组成员的合作是否愉快?	
4	课题开展过程中遇到了什么样的困难,如何解决的?	
5	获得资料采取了哪些途径?	
6	是否对课题研究的成果满意,为什么?	
7	通过课题研究,你的收获是什么?	
8	对本次课题有什么意见?	

参考文献

[1] 《中国近现代史纲要》编写组．中国近现代史纲要（2021 年版）[M]. 北京：高等教育出版社，2021.08.

[2] 张芳．中国近现代史纲要练习册 [M]. 北京：北京理工大学出版社， 2018.03.

[3] 沈丽娅，陈家华，翁梓轩．《中外历史“纲要”（上）》史料解读 [M]. 杭州：浙江工商大学出版社， 2020.01.

[4] 丰箫．新编中国近现代史纲要学习与辅导 [M]. 上海：上海大学出版社， 2019.05.

[5] 杨洪，梁星亮．中国近现代史纲要教学设计 [M]. 西安：陕西人民出版社，2016.12.

[6] 孙红英．《中国近现代史纲要》课程教学研究 [M]. 兰州：甘肃人民出版社，2017.12.

[7] 陈洪．“中国近现代史纲要”阅读文献汇编与导读 [M]. 重庆：重庆大学出版社，2014.02.

[8] 杜艳华．《中国近现代史纲要》难点解析 [M]. 上海：复旦大学出版社， 2013.10.

[9] 宋进．中国近现代史纲要教学导论 [M]. 上海：复旦大学出版社， 2009.04.

[10] 宋俭．《中国近现代史纲要》教学案例 [M]. 武汉：武汉大学出版社， 2009.11.

[11] 方小年等.《中国近现代史纲要》教材与教学问题研究 [M]. 长沙: 湖南大学出版社，2012.12.

[12] 宋俭，李勤．《中国近现代史纲要》重点难点解析与练习 [M]. 武汉：武汉大学出版社，2008.11.

[13] 章其真．中国近现代史纲要课程教学与实践研究 [M]. 南京：江苏人民出版社，2019.12.

[14] 闫莉玲．“中国近现代史纲要”专题化教学路径探析 [M]. 芜湖：安徽师范大学出版社，2019.01.

[15] 詹小美．“中国近现代史纲要”课基本问题与教学 [M]. 广州：中山大学出版社，2019.12.

[16] 李雅茹 . 中国近现代史纲要专题教学讲稿 [M]. 上海：复旦大学出版社， 2020.08.
[17] 李松林，秦国伟 . “中国近现代史纲要”立体教案 [M]. 北京：九州出版社，2016.05.
[18] 赵付科等 .《中国近现代史纲要》热点难点专题教学研究 [M]. 济南：山东人民出版社， 2017.12.
[19] 刘福军, 韩强, 林绍玲 . “中国近现代史纲要”问题导入式专题教学研究 [M]. 北京: 九州出版社， 2019.12.
[20] 汪一江 . 中国近现代史纲要课实践教程 [M]. 芜湖：安徽师范大学出版社，2016.12.
[21] 赵艳红 . 教学智慧 [M]. 成都：西南交通大学出版社， 2019.01.
[22] 孙家荣，王衡 . 中国近现代史纲要教学案例选 [M]. 西安：西北工业大学出版社，2016.07.
[23] 章征科 . “中国近现代史纲要”专题研究 [M]. 芜湖：安徽师范大学出版社，2014.12.
[24] 胡雪梅，陈菲 . 中国近现代史纲要课程导读 [M]. 长春：吉林大学出版社，2014.06.
[25] 宫晓燕 .《中国近现代史纲要》案例教学设计 [M]. 济南：山东人民出版社，2015.08.
[26] 林绍玲，韩强 .《中国近现代史纲要》问题导入式专题教学研究 [M]. 北京：九州出版社， 2017.12.
[27] 张北根 . “中国近现代史纲要”研究性教学的探索与实践 [M]. 北京：知识产权出版社， 2015.08.
[28] 刘华明 . 中国近现代史纲要专题讲座 [M]. 合肥：合肥工业大学出版社， 2011.02.
[29] 梁罡 . “中国近现代史纲要”红色经典文献导读教学模式实施研究 [J]. 黑龙江教育（理论与实践），2021（12）:13-15.
[30] 谢群，朱馨薇，李占勇 . 高校思想政治理论课集体备课探析——以“中国近现代史纲要”两次集体备课为例 [J]. 中国轻工教育，2021，24（05）:14-19.
[31] 许瑞罡，张慧 . “学生历史微课”教学模式在《中国近现代史纲要》课程中的应用研究 [J]. 锦州医科大学学报（社会科学版），2021，19（06）:73-75.
[32] 王林楠 . 中国近代史教育之研究性教学——评《“中国近现代史纲要”研究性教学的探索与实践》[J]. 中国教育学刊，2021（12）:110.

[33] 刘胜男，刘丽锐 .《中国近现代史纲要》课程教学时效性提升的主要路径 [J]. 公关世界，2021（22）:101–102.

[34] 袁野，关诗雯 . 高校思政课三位一体教学模式探析——以“中国近现代史纲要”为例 [J]. 教书育人（高教论坛），2021（33）:99–103.

[35] 柳溜溜 . 高校思政课改革创新的五个着力点——以“中国近现代史纲要”课程为例 [J]. 才智，2021（33）:52–54.

[36] 程洁，王开宝 . 安徽红色文化融入“中国近现代史纲要”课程的路径探析 [J]. 黑龙江教育（高教研究与评估），2021（11）:6–8.

[37] 靳道亮，芮晓华 .“中国近现代史纲要”课程线上线下混合式教学探究 [J]. 科技风，2021（30）:68–70.

[38] 杨红运 . 论“中国近现代史纲要”课教学与大学生忧患意识的培养 [J]. 北京教育（德育），2021（10）:71–76.

[39] 陈宝云 . 历史微剧场在“中国近现代史纲要”教学中的运用 [J]. 牡丹江大学学报，2021，30（10）:103–107.

[40] 张春桃 . 经典阅读在《中国近现代史纲要》中的作用和意义 [J]. 品位·经典，2021（20）:35–37+40.

[41] 康立芳 .“中国近现代史纲要”图像叙述的价值与进路 [J]. 思想政治教育研究，2021，37（05）:114–119.

[42] 祝江波 . 史料教学法在中国近现代史纲要教学中的运用 [J]. 现代交际，2021（19）:200–202.

[43] 丁艳平 . 红色文化融入“中国近现代史纲要”课程教学的途径 [J]. 吉林教育，2021（29）:20–21.

[44] [47 刘胜男 . 手机 APP 在《中国近现代史纲要》教育教学中的作用 [J]. 公关世界，2021（18）:141–142.

[45] 郭丹凤，姚新立 . 地方党史融入“中国近现代史纲要”教学的思考——以苏州地方党史资源为例 [J]. 才智，2021（27）:22–24.

[46] 仝华 .《中国近现代史纲要（2021 年版）》修订说明和教学建议 [J]. 思想理论教育导刊，2021（09）:17–22.

[47] 许文芳，韦宝畏 . 情感认同教育在思政课教学中的应用探析——以《中国近现代史纲要》课程为例 [J]. 吉林省教育学院学报，2021，37（09）:135–138.

[48] 黄民文．参观法教学在“中国近现代史纲要”课中的运用 [J]. 科技视界，2021（26）:85–86.

[49] 罗川．微视频融入“中国近现代史纲要”课教学探析 [J]. 哈尔滨职业技术学院学报，2021（05）:37–39.

[50] 韩敏，关振国．图像法视域下高校“中国近现代史纲要”课程建设探索 [J]. 黑龙江教育（高教研究与评估），2021（09）:60–62.

[51] 国海玲，刘祯哲．“中国近现代史纲要”课爱国主义教育进路 [J]. 现代职业教育，2021（36）:42–43.

[52] 李安峰．“四个自信”视域下“中国近现代史纲要”“三位一体”实践教学体系的构建 [J]. 林区教学，2021（08）:5–9.

[53] 殷雪．新媒体环境下探索高校中国近现代史纲要教学改革路径 [J]. 科技资讯，2021，19（23）:115–117.

[54] 程雪娇．天津历史文化资源融入《中国近现代史纲要》课程混合式教学模式探析 [J]. 现代商贸工业，2021，42（27）:161–162.

[55] 吕健．新时代“中国近现代史纲要”课堂教学实践的思考 [J]. 文教资料，2021（22）:137–140.

[56] 连晨曦，卞梁．红色文化资源“中国近现代史纲要”课程教学运用 [J]. 赤峰学院学报（汉文哲学社会科学版），2021，42（07）:114–118.

[57] 程太红．中国近现代史纲要教学中的四个结合探究 [J]. 集宁师范学院学报，2021，43（04）:22–26.

[58] 张秀阁．关于“中国近现代史纲要”课专题教学的思考 [J]. 历史教学（下半月刊），2021（07）:68–72.

[59] 张礼芳．关于中国近现代史纲要课程教育创新的思考 [J]. 科教导刊，2021（20）:90–92.

[60] 殷雪．基于创新型人才培养模式下“中国近现代史纲要”课程教学改革探讨 [J]. 文教资料，2021（19）:203–204.

[61] 徐宁．“四史”学习教育融入“中国近现代史纲要”课的思考 [J]. 理论经纬，2021（00）:268–273.

[62] 张北根．“中国近现代史纲要”亲和力研究——以北京科技大学纲要课为例 [J]. 思想政治课研究，2021（03）:111–122.

[63] 田革．“中国近现代史纲要”课程教学质量提升研究 [J]. 德州学院学报，2021，37（03）:108–110.

[64] 段蕾．论“中国近现代史纲要”教学与正确党史观的树立 [J]. 廊坊师范学院学报（社会科学版），2021，37（02）:15–19.

[65] 于翠萍．将红色文化资源融入《中国近现代史纲要》课程教学的山东实践 [J]. 山东干部函授大学学报（理论学习），2021（06）:56–59.

[66] 李飒飒．中国近现代史纲要课程模块化教学改革探析 [J]. 品位．经典，2021（12）:140–143.

[67] 邹欣，胡兆凌．基于“课堂派”平台的纲要课混合式教学模式研究 [J]. 湖北成人教育学院学报，2021，27（03）:68–71.

[68] 刘玲．“中国近现代史纲要”课程图像场域构建研究 [J]. 教育教学论坛，2021（20）:117–120.

[69] 刘国军，陈晶华，曾宁，宋晓敏，李旸，王艳卓．正确处理好“中国近现代史纲要”教学中“事”与“理”的关系刍议 [J]. 大连民族大学学报，2021，23（03）:268–272.

[70] 唐咸明，莫晓原．经典红歌融入中国近现代史纲要课程教学探析 [J]. 桂林师范高等专科学校学报，2021，35（03）:91–96.

[71] 田海峰．“中国近现代史纲要”问题导入式专题教学的探索 [J]. 文教资料，2021（14）:178–179+77.

[72] 陈帅．高校思政课爱国主义教学实效性研究——以《中国近现代史纲要》课堂教学为例 [J]. 文化创新比较研究，2021，5（14）:41–44.

[73] 丛艳丽，王晓明，陈立媛，张迪，孙丽丽．提升高校思想政治理论课获得感探析——以“中国近现代史纲要”课程为例 [J]. 教书育人（高教教坛），2021（12）:92–93.

[74] 李叶子．启发式教学应用于中国近现代史纲要课程教学的策略 [J]. 时代报告（奔流），2021（04）:158–160.

[75] 李洪影，王力尘．微课在中国近现代史纲要课程中的设计与应用 [J]. 辽宁工业大学学报（社会科学版），2021，23（02）:140–142.

[76] 李智．大学生“中国近现代史纲要”课程学习问题表现与对策 [J]. 吉林化工学院学报，2021，38（04）:33–36.

[77] 丁艳平．新媒体环境下高校课程教学困境的突破——以“中国近现代史纲要”课程为例 [J]. 教育信息化论坛，2021（04）:14–15.

[78] 赵丽，冯哲，王书君.思想政治理论课对大学生人文素质的培养——以“中国近现代史纲要”课为例[J].山东农业大学学报（社会科学版），2021，23（01）:144-148.